U0476444

色彩中的艺术史

红色故事

[法]海莉·爱德华-杜雅尔丹 著
东门杨 译

图书在版编目（CIP）数据

色彩中的艺术史. 红色故事 /（法）海莉·爱德华-杜雅尔丹著；东门杨译. —广州：岭南美术出版社，2024.9
ISBN 978-7-5362-8016-8

Ⅰ.①色… Ⅱ.①海…②东… Ⅲ.①艺术史－世界－通俗读物 Ⅳ.①J110.9-49

中国国家版本馆CIP数据核字（2024）第108620号

著作权合同登记号：图字 19-2024-095

Copyright
ROUGE :© Hachette Livre (Editions du Chêne).Vanves.2021
Current Chinese translation rights arranged through Divas International, Paris(www.divas-books.com)
本书中文简体字版权经法国Hachette Livre出版社授权广东岭南美术出版社有限公司独家出版发行。
版权所有，侵权必究。

出 版 人：刘子如
项目策划：刘向上
责任编辑：刘向上　黄海龙
助理编辑：兰蕙宁
责任技编：许伟群
装帧设计：今亮後聲
内文排版：友间文化

色彩中的艺术史　红色故事
SECAI ZHONG DE YISHUSHI　HONGSE GUSHI

出版、总发行：岭南美术出版社（网址：www.lnysw.net）
（广州市天河区海安路19号14楼　邮编：510627）

经　　销	全国新华书店
印　　刷	广州百思得彩印有限公司
版　　次	2024年9月第1版
印　　次	2024年9月第1次印刷
开　　本	787 mm×1092 mm　1/16
印　　张	7.25
字　　数	114千字

ISBN 978-7-5362-8016-8
| 定　　价 | 78.00元 |

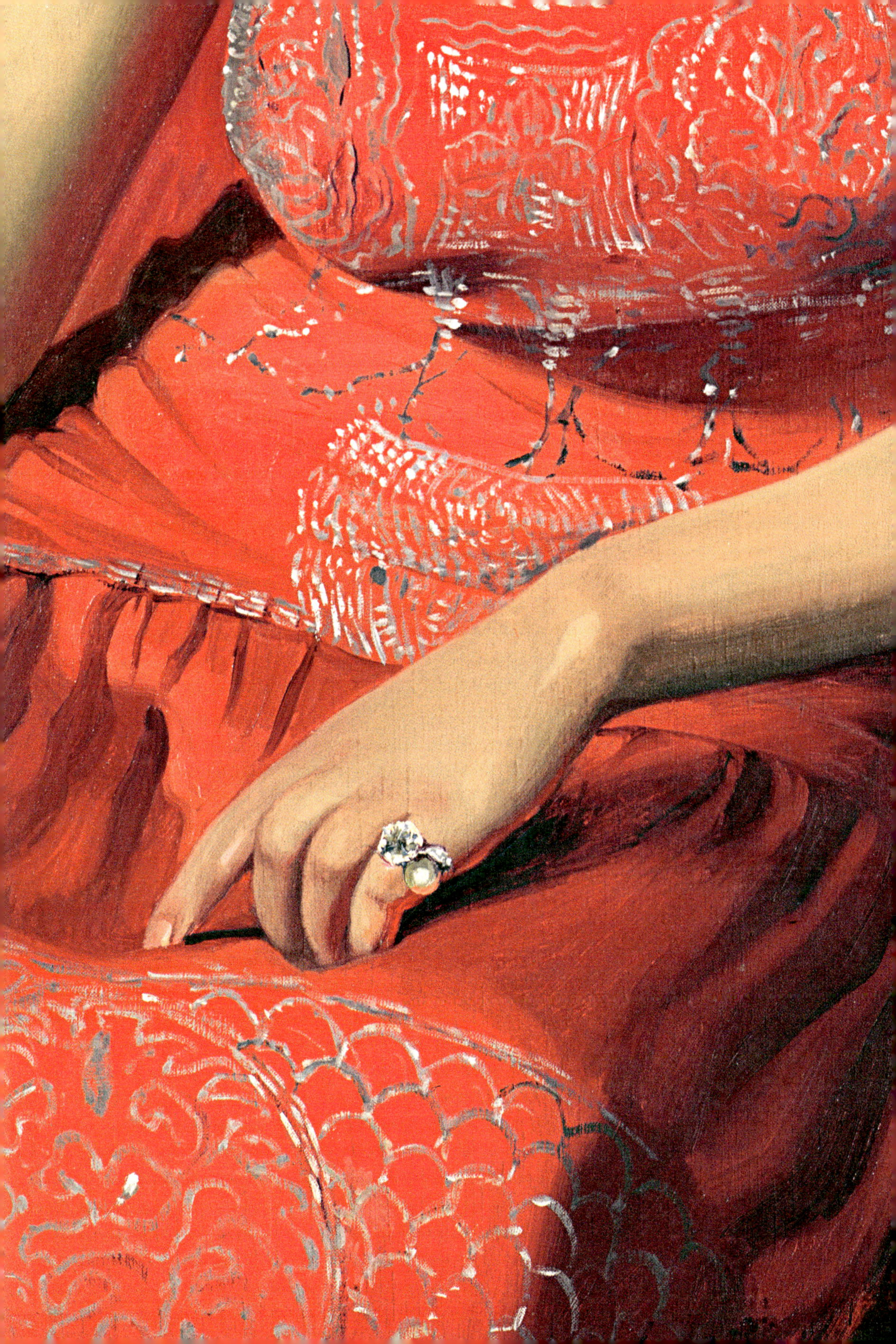

当我没有蓝颜色的时候,我就用红色。

——巴勃罗·毕加索(Pablo Picasso)

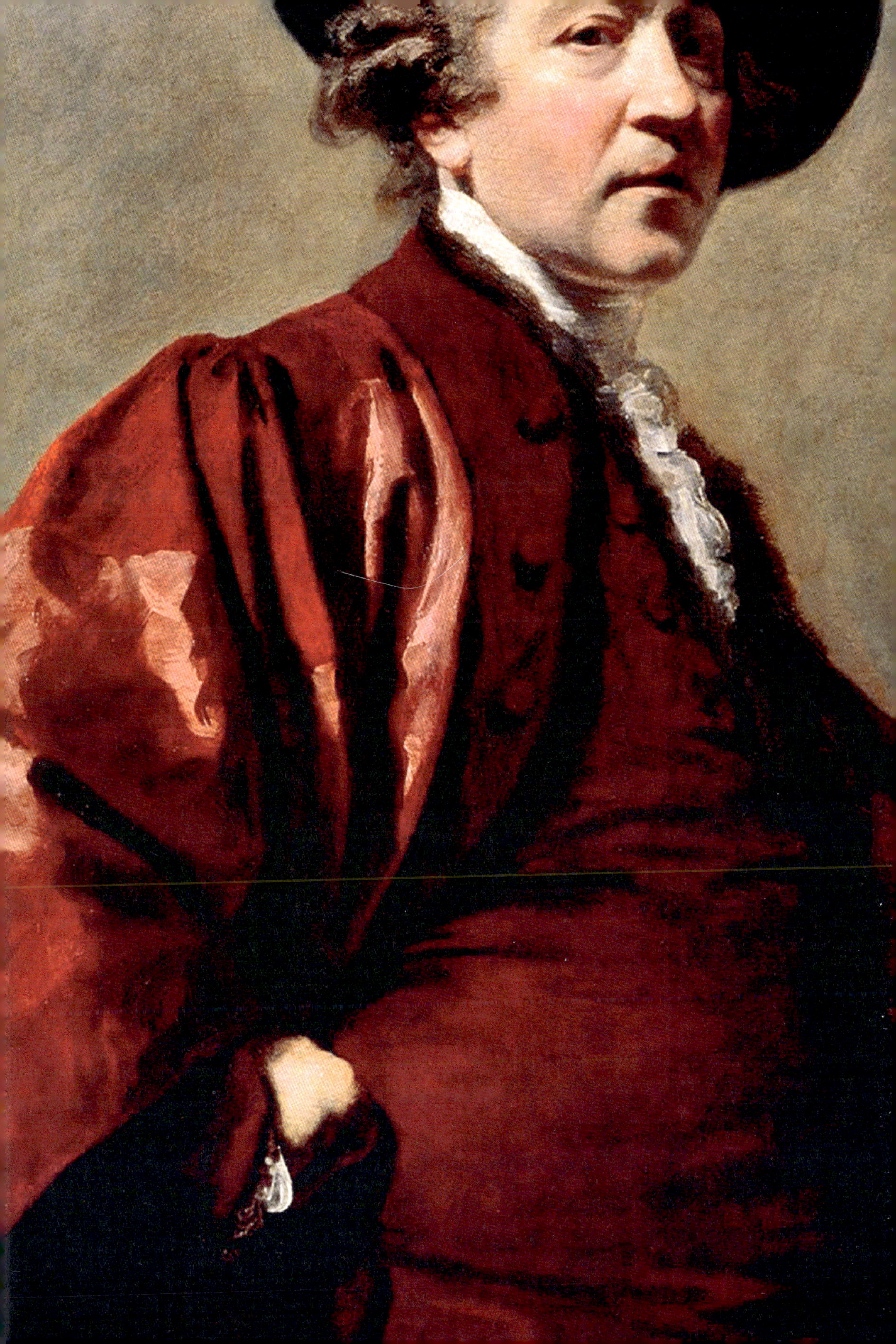

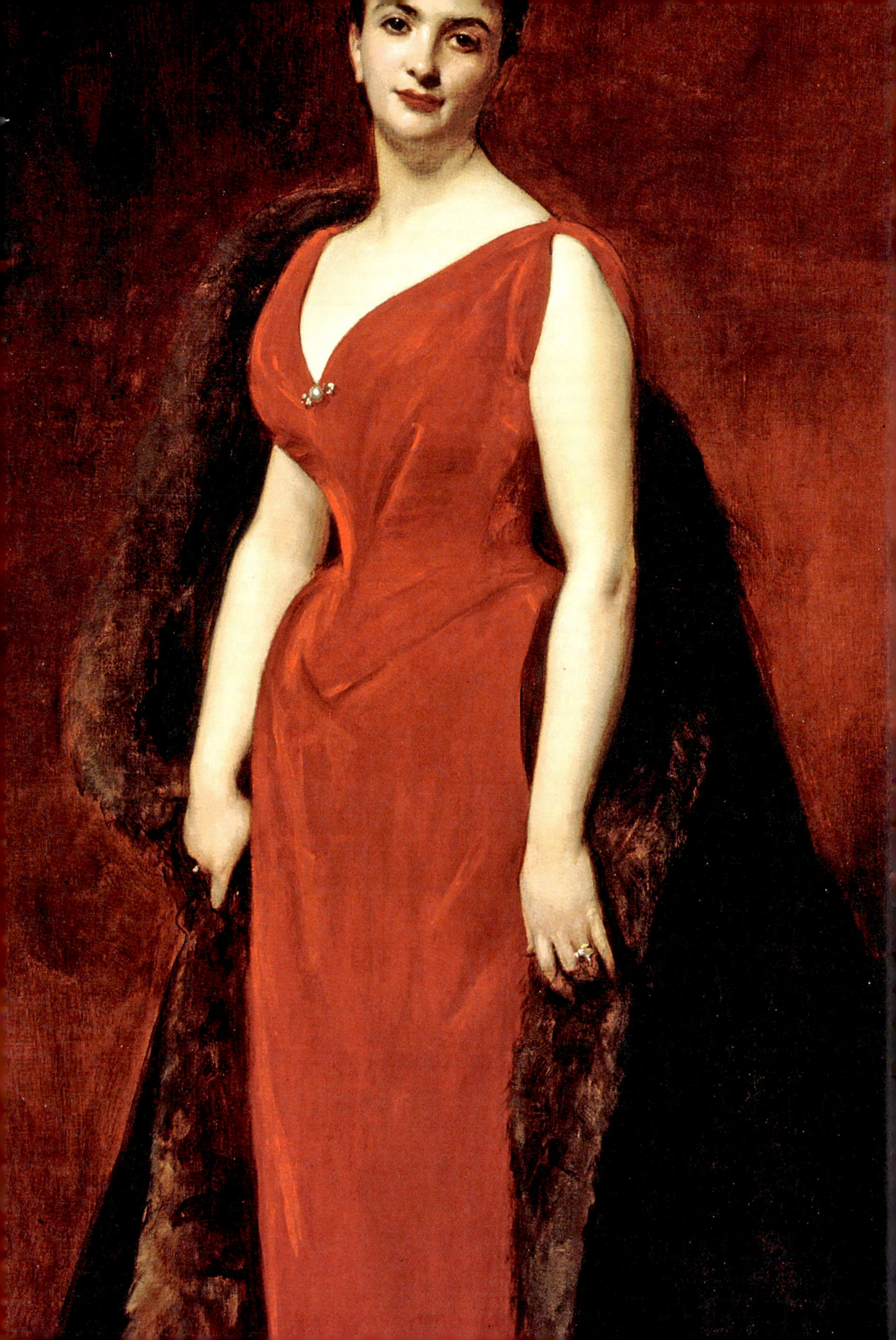

艺术中的红色

从一开始就是红色,这种颜料植根于我们的文化和传统当中。红色滋养着我们最私密的情感和心绪,红色甚至是人类眼睛能够最先察觉到的色调。

最初的颜色

按通常的说法,红色是第一种被命名的颜色。在一些古老的语言当中,它拥有如此的奠基性,以至于红色成了"颜色"的同义词。从人类的原初时代开始,人们就钟情于这种呼唤火与血的色调,红色被施加于洞穴的岩壁之上。很快,这种颜料又成为画家调色盘中必不可少的部分,但却让人困惑、矛盾重重,因为它象征一切,从生命的光彩到死亡的哀悼,从起源降生到丧葬仪式。

反差游戏

然后是宗教,自古以来,红色同时意味着善与恶。这种矛盾状况得到天主教传统的确认,这色调被认为拥有某些精神属性:红色象征受难,指向基督的牺牲,同时也是魔鬼与性爱的展示。从神圣之爱到肉体的罪恶,仅有一步之差。后来,那些位高权重者放大了这个悖论,骄傲而闪耀的红色变成了帝国之紫,但它也被用来标记世俗意义上的背德者,比如妓女就被迫接受用红色标明身份。于是,在艺术史中我们便可以得见:红鞋底的国王、威严红衣的主教、身着胭脂红长袍的诱魅女性、满身血迹的圣徒、猩红穿着的绅士。似乎人性的所有面相都集中在这一块色板之上。

恶臭的紫红

据说埃及艳后克丽奥佩特拉热衷于紫红色,她用这种颜色装饰她的船帆和家具。公元前48年,尤利乌斯·恺撒到访埃及,发现了这种颜色,也随之将其作为帝国之色。25万只骨螺(一种软体动物)才能为一件罗马长袍着色,而浸染的过程也是气味弥漫。但具有讽刺意味的是,衣服闻起来腥臭,那才是财富的标志!

茜草红配方

17世纪,法国高博兰皇家染坊开始使用茜草红,这种染料的制造过程同样让人作呕。植物组织经沸水煮过后,被涂上牛粪和哈喇子味道的蓖麻油,浸泡在碳酸钠溶液里,最后还要在这种茜草红中添加牛血。

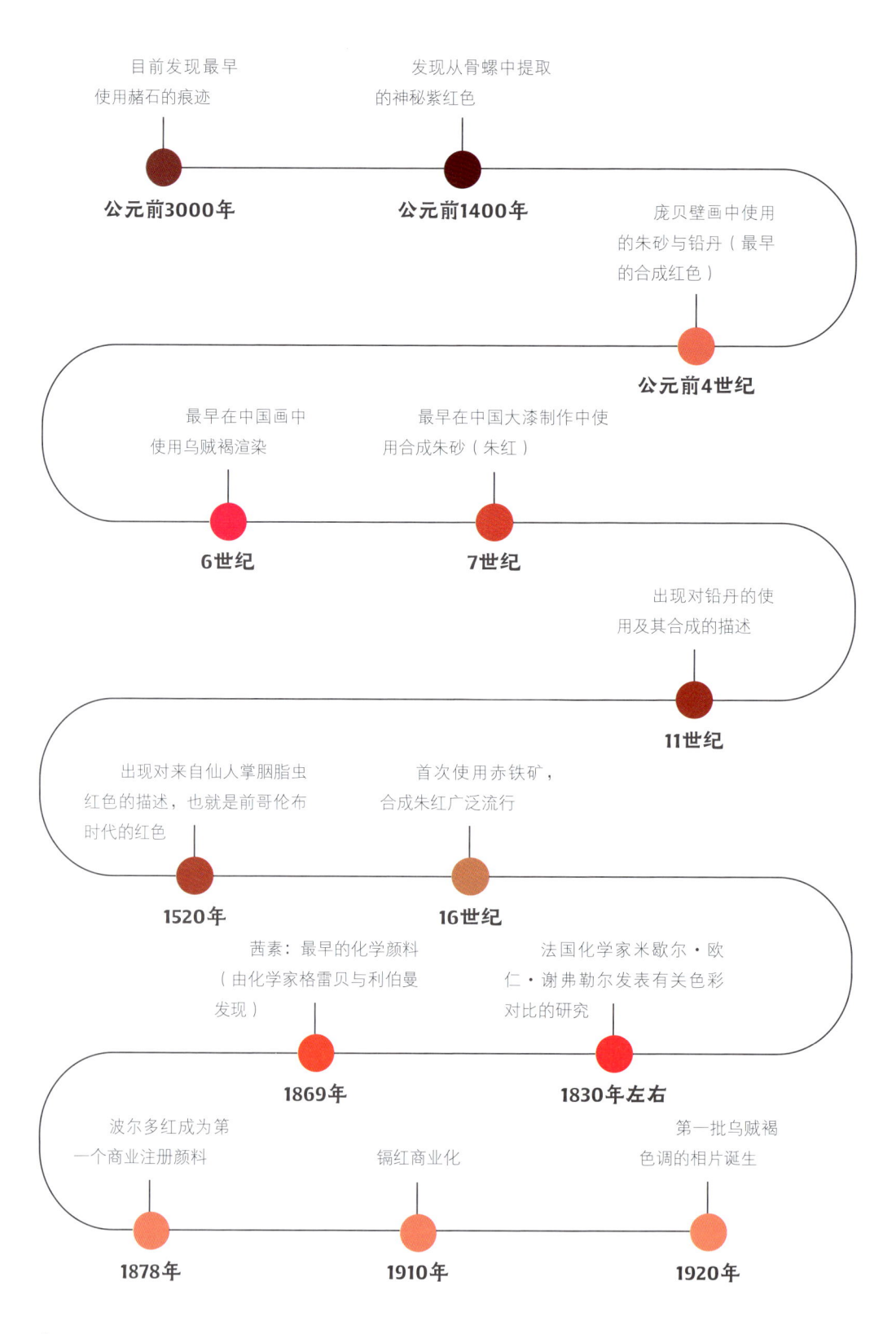

公元前3000年	目前发现最早使用赭石的痕迹
公元前1400年	发现从骨螺中提取的神秘紫红色
公元前4世纪	庞贝壁画中使用的朱砂与铅丹（最早的合成红色）
6世纪	最早在中国画中使用乌贼褐渲染
7世纪	最早在中国大漆制作中使用合成朱砂（朱红）
11世纪	出现对铅丹的使用及其合成的描述
1520年	出现对来自仙人掌胭脂虫红色的描述，也就是前哥伦布时代的红色
16世纪	首次使用赤铁矿，合成朱红广泛流行
1869年	茜素：最早的化学颜料（由化学家格雷贝与利伯曼发现）
1830年左右	法国化学家米歇尔·欧仁·谢弗勒尔发表有关色彩对比的研究
1878年	波尔多红成为第一个商业注册颜料
1910年	镉红商业化
1920年	第一批乌贼褐色调的相片诞生

艺术上他们一无所知……只有我拥有这种天赋与性情，只有我懂得使用红色！

——保罗·塞尚（Paul Cézanne）

为什么是"红与黑"？

1830年，司汤达（Stendhal）出版了他的《红与黑》，小说最初的标题是《于连》，以主人公的名字命名。作者为什么修改了标题呢？因为于连·索雷尔徘徊在投笔从戎与遁世皈依之间，在穿着红白相间的拿破仑军装与黑色的僧袍间犹豫不决。也有人认为红色代表口红的诱惑，而黑色则代表对成功的渴望和英雄的死亡。仿佛有多少读者，就有多少种解释……

艾吕雅的色彩

《爱恋的红色》是诗人保尔·艾吕雅（Paul Éluard）《爱与诗》（1929）这部诗集中的一首诗，在诗集的第一部分当中。正是在这一章中，艾吕雅谈到"蓝如橙子"的地球。

千变万化于一身

紧接着是庆典和剧场的红色。那是醉人和性感的红色，从提香的慵懒裸体到象征主义者的画布，一直反复出现。红色同样会出现在社会变革之中，血腥革命往往是需要迈出的最后一步，是红色被忽视的最后象征。因为，具有历史讽刺意味的是，在18世纪末，红旗同时成为镇压与反抗的标志，它是国旗的专属色彩。通过红色，我们解放自己；羁绊于红色，我们又不得不屈服。尤其是当某位名叫"波拿巴"的人想象自己成为皇帝时，他重新在权力视觉中引入紫红色。直到19世纪末，我们进入一个女性穿着深红色裙子的时代，而社会却将她们局限在家庭或情欲的角色当中。总有一些人在夜总会醉生梦死，而工人们在争取正当的权利，还有像高更这样的人拓展了一种神秘的世界景观。

从生到死

现代和当代艺术家也没有放弃红色，他们以各自的好奇心将红色作为自己隐私的一种影射。红色变得抽象，涵盖了人类情感的整个样貌：欲望、恐惧、暴力，但同样也奇异地包含了某种宁静的气息。红色还象征着我们无法掌控的一切：爱欲和肉体的欲望，愤怒，身体的问题，社会的困扰，或者狂暴的自然。在开始的时候是红色，这种原型色彩……到最后仍然是红色。

《黎塞留在拉罗谢尔的堤岸》
(*Richelieu sur la digue de La Rochelle*)

出自亨利-保尔·莫特(Henri-Paul Motte)于1881年绘制的一幅画中。这种红色被称为"枢机主教紫",自1245年以来一直是枢机主教的专用色彩

狗的发现

布兰达里斯骨螺是一种贝壳类生物，它提供了制造帝王紫所需要的染料。传说，希腊神话中的大力士赫拉克勒斯，他的狗在提尔也就是如今黎巴嫩的海边沙滩上，咬开一只贝壳，从而发现了这种紫红色。

地理定位

天然颜料的主要来源

动物色素

- 绛蚧（介壳虫）
  法国东南部和西班牙
- 仙人掌胭脂虫
  墨西哥、秘鲁
- 紫红色（骨螺）
  北非、希腊、美索不达米亚
- 乌贼褐（墨鱼）
  亚得里亚海、英吉利海峡

植物色素

- 巴西红木
  巴西
- 茜草
  地中海盆地

矿物质色素

- 铅丹（剧毒氧化铅）
  中国、印度、波斯、西班牙
- 朱砂（硫化汞）
  法国、土耳其、以色列、西班牙、中国、巴尔干、埃及、希腊、秘鲁、墨西哥
- 赤铁（氧化铁）
  地中海盆地
- 赭石
  法国

合成色素

- 茜素
  德国
- 朱红
  中国、埃及
- 镉紫
  德国

色彩范围

红色的九种色调

为了对颜色进行分类，人们设计了各种色卡，以至于有点让人迷失其中。这里面最为人熟知的包括谢弗勒尔和美国潘通。但是这些分类对想象空间的留白很少，对于情感强烈如红色这一颜色来说，这是十分令人沮丧的。因此，让我们摆脱这些数字编码，探索一下以更富想象力的名称来命名九种色调。

> **红色如同……**
>
> 茜红（Garance）
> 马塞尔·卡尔内（Marcel Carné）的电影《天堂的孩子》（1945），主人公就叫茜红这个名字。
>
> 绯红（Écarlate）
> 玛格丽特·阿特伍德（Margaret Atwood）的小说《使女的故事》（1985），其法文书名被翻译成《绯红侍女》（*La Servante écarlate*）。
>
> 洋红（Magenta）
> 就像拿破仑三世获胜的马真塔（Magenta）战役一样（1859）。

美国
孟塞尔色卡
超过1500种颜色

瑞典
自然色彩系统
1950种颜色

法国
谢弗勒尔色环
基于72种颜色上的14400个色调

德国
工业标准色彩系统
基于213种颜色上的1825个色调

美国
潘通色卡
基于11种颜色上的1114个色调

1861　　1898—1905　　1920　　1927　　1963

茜红（Garance）
自古埃及时代起，人们便从茜草的根部提取了红色染料。茜红的合成衍生物——茜素，是由德国化学家格雷贝与利伯曼于1869年制造的第一种化学红色颜料。
› 乔治·德·拉图尔（第19页）
› 埃米尔·莱维（第73页）

绯红（Écarlate）
这种红色色调与橡树上寄生的绛蚧（地中海介壳虫）相关。它是在晾干和研磨这种昆虫尸体之后得到的颜料，早在史前时期就开始被使用。
› 罗吉尔·凡·德·维登（第11页）
› 盐田千春（第99页）

洋红（Magenta）
洋红来自一种化学物质，即苯胺红基。在原本的粉红色阶中，洋红带来了一种更红的色调。"洋红"只是商业上的叫法，并不对应于一个精确的色度标准。
› 菲利普·德·尚佩涅（第21页）
› 奥托·迪克斯（第33页）

朱红（Vermillon）
朱红的起源是矿物质，即朱砂。它自史前时期就开始引起人们的注意，是罗马人使其在艺术上有了更为重要的用途。在中国古代，它也以合成形式存在。
› 神秘别墅（第7页）
› 弗兰蒂谢克·库普卡（第87页）

胭脂红（Carmin）
这种红色来自一种古老的仙人掌上寄生的胭脂虫。它在南美洲一直被广泛使用，自15世纪由西班牙殖民者发现，逐渐取代了昂贵的绛蚧。
› 扬·凡·艾克（第9页）
› 提香（第17页）

赭石红（Ocre Rouge）
这是一种原始的红色，赭石是由氧化铁着色的黏土土壤，在史前时期就开始被使用。赭石红兼具功能性和预防性，并在历史上一直经久不衰。赭石红还可以通过将黄赭石加热至700℃而制得。
› 手洞（第3页）
› 让-雅克·亨纳（第71页）

番茄红（Tomate）
谢弗勒尔通过自己的研究，试图在颜色的相互对比中为它们定位。他将色调与可识别的参照物联系起来。这里他用红色与橙色的混合来定义番茄红。
› 卡罗勒斯-杜兰（第77页）
› 乔瓦尼·波尔蒂尼（第79页）

紫红色（Pourpre）
自古代起，罗马皇帝就偏爱紫红色。他们如此喜爱它，以至于紫红色很快成为权力的象征，这种内涵从那时起一直被赋予红色——如今枢机主教的着衣仍然如此。
› 叶绣大师（第49页）
› 约书亚·雷诺兹（第69页）

波尔多红（Bordeaux）
直到19世纪末，"波尔多红"这个词才被收录词典，用以指代一种偏紫的深红色。它得名于波尔多葡萄酒，人们将其与这种色调联系在一起。
› 保罗·高更（第25页）
› 让-马克·纳蒂埃（第59页）

11

目 录
Contents

不容错过的作品

2　手洞
　　《手洞》
　　公元前11000年到前7500年

4　红色纹样的阿提卡陶杯
　　《红色纹样的阿提卡陶杯》
　　约公元前500年

6　神秘别墅
　　《神秘别墅》
　　公元前1世纪

8　包着红头巾的男子
　　《包着红头巾的男子》
　　扬·凡·艾克，1433

10　十字架上的基督双联画
　　《十字架上的基督双联画》
　　罗吉尔·凡·德·维登，1460

12　红衣女士
　　《红衣女士的肖像》
　　布龙齐诺，1525—1535

16　维纳斯与风琴手
　　《维纳斯与风琴手和小狗》
　　提香，1550

18　被妻子嘲笑的约伯
　　《被妻子嘲笑的约伯》
　　乔治·德·拉图尔，约1630

20　枢机主教的三联肖像
　　《枢机主教的三联肖像》
　　菲利普·德·尚佩涅，约1642

22　任第一执政官时的拿破仑
　　《任第一执政官时的拿破仑》
　　安托万-让·格罗斯，1802

24　快乐的人
　　《快乐的人》
　　保罗·高更，1892

28　红色画室
　　《红色画室》
　　亨利·马蒂斯，1911

30　情人
　　《情人》
　　埃贡·席勒，1913

32　西尔维娅·冯·哈登的肖像
　　《西尔维娅·冯·哈登的肖像》
　　奥托·迪克斯，1926

36　带红色的B构图（二号）
　　《带红色的B构图（二号）》
　　皮特·蒙德里安，1935

38　无题
　　《无题》
　　马克·罗斯科，1961

40　空间概念，等待
　　《空间概念，等待》
　　卢西奥·丰塔纳，1965

42　红点
　　《红点》
　　草间弥生，2011

不期而遇的惊喜

46 卡哈蒙瓦塞特王子的护身符
《卡哈蒙瓦塞特王子的护身符》
公元前13世纪

48 圣母子三联画
《圣母子三联画》
叶绣大师，15世纪末

50 穿越红海
《穿越红海》
西蒙·贝宁，1525—1530

52 科林斯的莱斯
《科林斯的莱斯》
小汉斯·霍尔拜因，1526

54 肉铺
《肉铺》
安尼巴莱·卡拉奇，1583—1585

58 恋人
《恋人》
让-马克·纳蒂埃，1744

62 鼻烟壶
《鼻烟壶》
18世纪

64 野草莓篮
《野草莓篮》
让·西梅翁·夏尔丹，1761

68 自画像
《自画像》
约书亚·雷诺兹，1780

70 阅读者
《阅读者》
让-雅克·亨纳，1880—1890

72 玛丽·德·埃里迪亚的肖像
《玛丽·德·埃里迪亚的肖像》
埃米尔·莱维，1887

76 埃德加·斯特恩夫人的肖像
《埃德加·斯特恩夫人的肖像》
卡罗勒斯-杜兰，1889

78 欢乐场景
《欢乐场景》
乔瓦尼·波尔蒂尼，1889

82 圣多安罢工
《圣多安罢工》
保尔·德朗斯，约1908

86 朱红的形式
《朱红的形式》
弗兰蒂谢克·库普卡，1923

88 穿红裙的罗马尼亚女人
《穿红裙的罗马尼亚女人》
费利克斯·瓦洛东，约1925

90 躯壳
《躯壳》
海曼·布鲁姆，1952

94 夏日正午
《夏日正午》
马克·夏加尔，1961

98 目的地
《目的地》
盐田千春，2017

不容错过的作品

《手洞》（ Cueva de las Manos ）
《红色纹样的阿提卡陶杯》（ Coupe attique à figures rouges ）
《神秘别墅》（ Villa des Mystères ）
《包着红头巾的男子》（ L'Homme au turban rouge ）
《十字架上的基督双联画》（ Diptyque du Christ en croix ）
《红衣女士的肖像》（ Portrait d'une dame en rouge ）
《维纳斯与风琴手和小狗》（ Vénus avec un joueur d'orgue et un chien ）
《被妻子嘲笑的约伯》（ Job raillé par sa femme ）
《枢机主教的三联肖像》（ Triple portrait du cardinal de Richelieu ）
《任第一执政官时的拿破仑》（ Napoléon Bonaparte en Premier consul ）
《快乐的人》（ Arearea ）
《红色画室》（ L'Atelier rouge ）
《情人》（ Les Amants ）
《西尔维娅·冯·哈登的肖像》（ Portrait de la journaliste Sylvia von Harden ）
《带红色的B构图（二号）》[Composition B (n° II) avec du rouge]
《无题》（ Untitled ）
《空间概念，等待》（ Concetto spaziale, attese ）
《红点》（ Red Dots ）

手洞
手中之手

史前颜料

史前艺术围绕着极少的颜料展开，它们包括黄赭石、红赭石和黑色物质。这些颜料被磨成粉末，并与水混合（有时甚至使用唾液或尿液），然后用手指、皮革涂抹，或者通过口吹的方式以达到一种朦胧效果。

更多参考
涉及"手"的艺术作品

- 1508 阿尔布雷希特·丢勒《祈祷之手》
- 1512 米开朗琪罗《创造亚当》
- 1823 泰奥多尔·籍里柯《左手》
- 1904 奥古斯特·罗丹《恋人之手》
- 1953 巴勃罗·毕加索《抓鱼的手》
- 1968 乔治·德·基里科《有大卫之手的形而上学内部》

▶ 《手洞》
公元前11000年到前7500年
岩洞壁画
巴塔哥尼亚

红色在人类历史中早已存在。史前时代，我们的祖先就使用红色的赭石来装饰他们的身体，或者在死后作为来世的保护色。这种赭石后来演变成壁画所用的颜料。

位于阿根廷巴塔哥尼亚的《手洞》包含着一整组岩洞壁画，其中最古老的部分可以追溯到13000年前。在那里，我们可以看到狩猎场景和对动物的描绘，尤其是原驼（一种类似羊驼的野生骆驼科动物）。但这个岩洞最引人注目并因此而得名的，是一系列各种形态的负像手影，总计829只，就像使用模板的创作。这些手影几乎都是左手，可以追溯到10000多年前。尽管我们更熟悉岩洞壁画中再现神秘动物的做法，然而我们在这儿见到的图案之所以如此吸引人，是因为它们更像一种人性的动人见证。

这些图案的意义尚不清晰。有些人将它们看作一种成人仪式，标志着年轻人正式迈入成年阶段——它们似乎只展现了男性的手掌。另一些人更倾向于这是一种为狩猎带来好运的方法。虽然这里不是唯一一处出现如此图案的史前遗迹，但它无疑是所有史前遗迹中最重要的一处。

这是多么令人赞叹的图景啊！仿佛一处原始生命的个体化呈现。想象一下那个情境，当我们面对这样一块岩壁，这岩壁揭示了在我们之前存在的远古的人类痕迹。这群脆弱的人类躲藏在岩洞里，为后人留下了他们存在过的感人印记，一只手影就像是一句问候。这同样也是一种传承，从人类到人类，故事仍在续写。

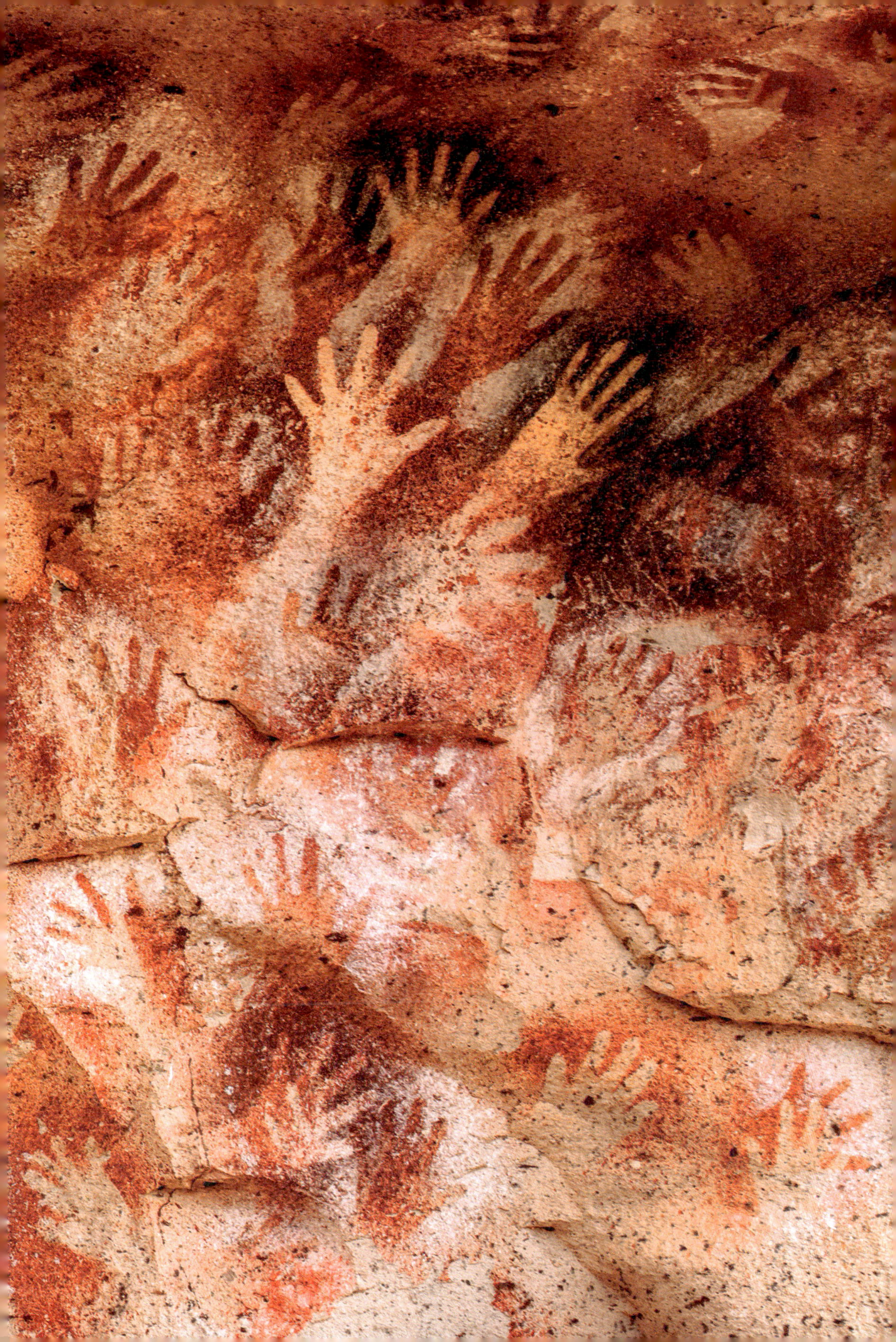

红色纹样的阿提卡陶杯

红与黑

被称为"红色纹样"的陶器主要产自雅典,但它们在希腊西部疆域以外地区也非常受欢迎。精湛的设计和造型,使其在所有竞争者中脱颖而出。

这个陶杯尺寸罕见,杯心由圆幅画面装饰。画中图案描绘了坐在优雅王座上的海洋女神安菲特里忒向英雄忒修斯馈赠花冠,忒修斯被人鱼特里同和海豚簇拥着。而画面中心展现的则是威严的雅典娜,左手持长矛,右手托着猫头鹰。一切再现得无不精致入微,从人物的发型到猫头鹰的羽毛,当然也包括典型的希腊服饰,长袍与披肩拥有着纤细的纹理与动感的衣褶。

这陶杯出自陶匠欧弗洛尼奥斯(Euphronios)的工作室,图案则是由奥涅西莫斯(Onésimos)绘制的。画家热衷于对人体和动态的研究,他雄心勃勃地继续讲述着忒修斯的故事,同样满怀热情地在杯子外壁历数了英雄的丰功伟绩。

比起早期的黑色纹样,红色纹样技术使艺术家在线的塑造上更具灵活性和精确度。红色纹样陶器的特殊之处在于:图案采用黏土原色,即明亮的红色,而背景则被涂成暗黑。在构图中,人类形象占主导地位,在对图样与情感细致入微的描绘中,人的面部、身体、动态、体积被以强烈的写实主义再现。这种风格的演变在古典雕塑中可以找到对应的案例。

烧制问题

黏土在经过轮盘成型之前,被混入红赭石色。成型干燥后,画家绘制装饰图案,用画笔将棕色黏土溶液涂在图案或背景上。我们通常以烧制方式来区分色彩:红色在氧化条件下以800℃的温度烧制获得,而黑色则通过950℃窑温的还原环境获得。在陶工打开烟囱让空气进入之前,陶瓷就会变黑,冷却过程中未涂层的区域则变成红色。

黑色纹样

在红色纹样技术被发明之前,绘制黑色纹样陶瓷的画家更像是雕刻家,他们用刻刀在涂成黑色的背景上刻出人物轮廓细节。有了新技术以后,他们才开始使用画笔,真正地绘画。

《红色纹样的阿提卡陶杯》
约公元前500年
陶器，9.6 cm × 49 cm × 39.9 cm
卢浮宫，巴黎

神秘别墅

疑问仍在

神秘别墅因其壁画而得名。这座宏伟的住宅建造于公元前1世纪，位于庞贝城一个富饶的葡萄产区的核心地带。它在1909年被发掘出来，神秘的壁画也随之揭开了面纱。

罗马富人的餐厅，或许是那种卧躺式的餐室，四周墙壁上谜一样的人物从鲜红的背景中脱颖而出，背景肯定是用朱砂涂抹的，罗马人热衷于这种提取自水银的红色。在这些由石灰打底的壁画中，我们可以观察到大多是女性形象，伴之以神话人物，长翅膀的小天使和醉酒的牧神……以及众多妙趣横生的物件，像面具、乐器等。如果我们对这个房间的用途仍然充满困惑，那也是因为我们对画作意欲表达的内容不甚了了。它们到底再现了什么？

一些历史学家提出这样的观点：这些图画再现了一个女人的成熟阶段，以及她婚育的筹备，受人尊敬的女士即将成为妻子，继而成为母亲。因此，厅中壁画无疑是房子女主人的一种视觉化的动人传记。但也有一些人在这些场景中观察到某种秘密仪式的见证，比如对酒神狄俄尼索斯的礼拜。主题仍然关乎于一个女性的成年，但并非步入婚姻，而是皈依秘密的宗教。如果这个假设成立，意味着这些画作并非为了公开展示，它们将被留在私人公寓的私密空间，而不是在餐厅这样的接待室里。这个房间的使命本身也成了我们的谜团之一。

无论如何，作为某种联结的说法被凸显出来，或是我们与爱人的联结，或是与信仰的联结。罗马式别墅的神秘色彩平添了这座被掩埋在火山熔岩下的城市的魅力。那是一座充斥着红色愤怒的火山。

色彩之谜

如果神秘别墅对我们耍了个戏法怎么办？在一些专家看来，壁画的背景原本是黄赭色，是火山喷发的气体以及壁画中铅和汞的存在，使得黄色颜料变成了红色。我们的别墅因此又多了一个谜团。

▶ 《神秘别墅》
公元前1世纪
湿壁画
庞贝

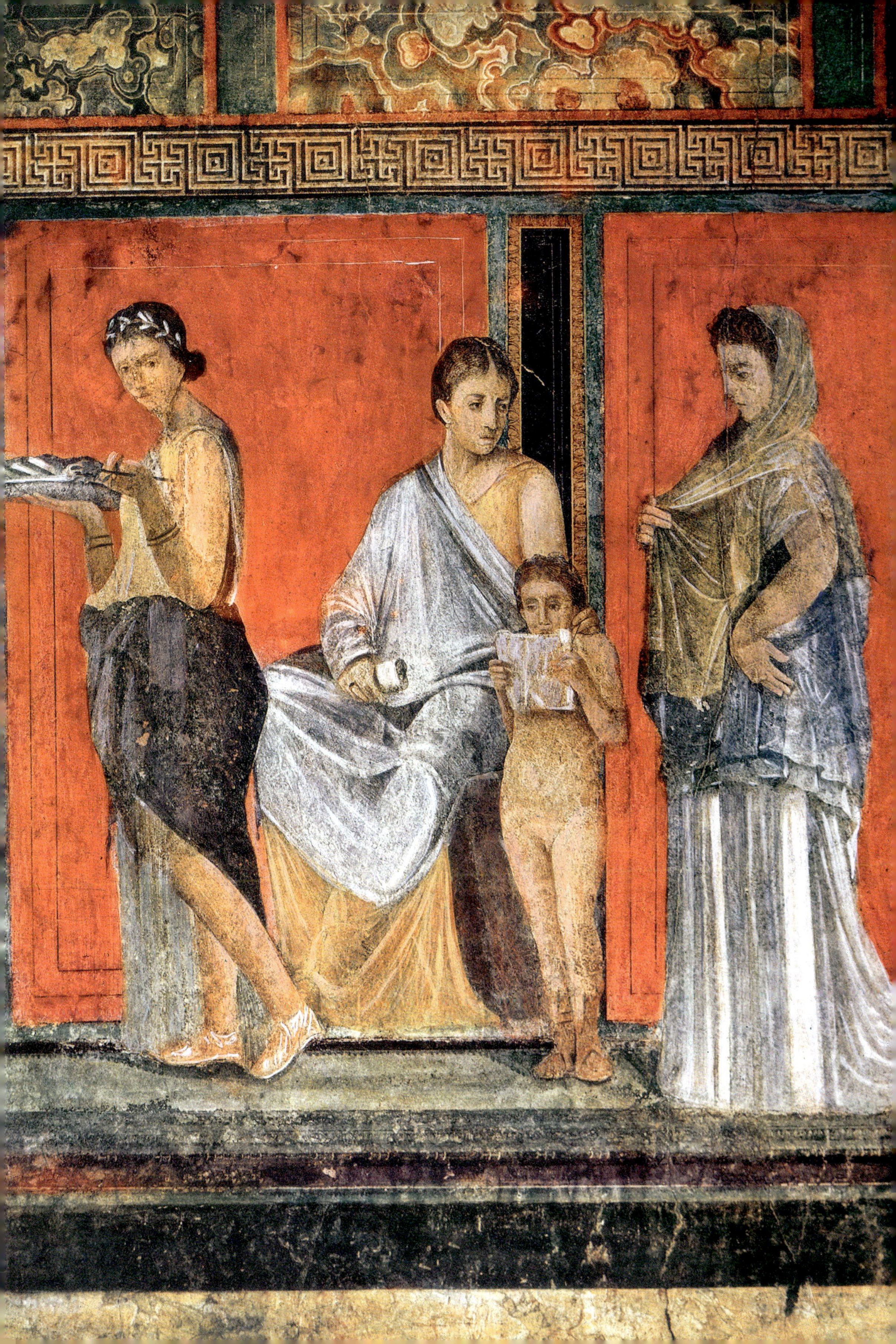

包着红头巾的男子

红色风帽

扬·凡·艾克（Jan Van Eyck）是一位宫廷画家，服务于勃艮第公爵"好人"菲利普。他以绘制庄严的圣母子像著称，那些肖像被冠以"逼真"之名。

眼前的这幅画是那些真诚的肖像中的一张，我们并不知晓其身份的男子，一些历史学家愿意将之看作艺术家的自画像。然而我们真的有必要知道画的是谁吗？难道只有那样才能饶有兴致地观赏这张脸？是的，饶有兴致，即使模特看上去并不热情，他的举止可以说相当严肃，嘴唇微微绷紧，目光极具穿透力，让人略感不适。

人们热衷于这种事无巨细的描述，仔细检查每一个细节，模特面无表情地默许我们的做法。这里我们注意到他额头上的皱纹，以及眼睛凹陷处和太阳穴上的褶痕。更令人着迷的是眼睛里的血管，以及凸显在嘴唇和散布于下巴的未及修剪干净的胡须。

凡·艾克并没有陷入将他的模特理想化的模式，而是用缠在男人头上的炽烈的头饰让我们为之赞叹。头饰映衬着脸部造型的严谨和清晰，它与背景和外套的黑暗形成鲜明对比。富有戏剧性的包裹方式散发出稳定的物质特性，在人物耀眼的举止背后，头巾是如此纯粹，如此不可或缺。但这并不值得大惊小怪，因为在中世纪末期，包裹这种头饰是优雅的资产阶级人士的特权。

所以说，画中人并没有透露给我们什么重要的信息，只想让我们意识到他在现实世界中的地位。一个男人为了彰显自己，而选择了颇具影响力的红色。

错误的命名

这件作品被称作《包着红头巾的男子》，尽管这个男人实际上戴的是顶风帽。这种头饰是中世纪和文艺复兴初期的典型装束，因其宽大和繁复的打结效果而引人注目。它是展示佩戴者社会地位的有效方式。

油画之初

乔治·瓦萨里（Giorgio Vasari）声称是扬·凡·艾克发明了油画。虽然事实并非如此，但可以肯定的是，在那个油画技法刚刚起步的时代，凡·艾克就已经将这种技艺谙熟于胸并将其尽善尽美。这种新方法使得画家可以更加自信地发挥在光线、细节和景深上探索的能力。

▶ 《包着红头巾的男子》

扬·凡·艾克
1433
木板油画，25.5 cm × 19 cm
伦敦国家美术馆，伦敦

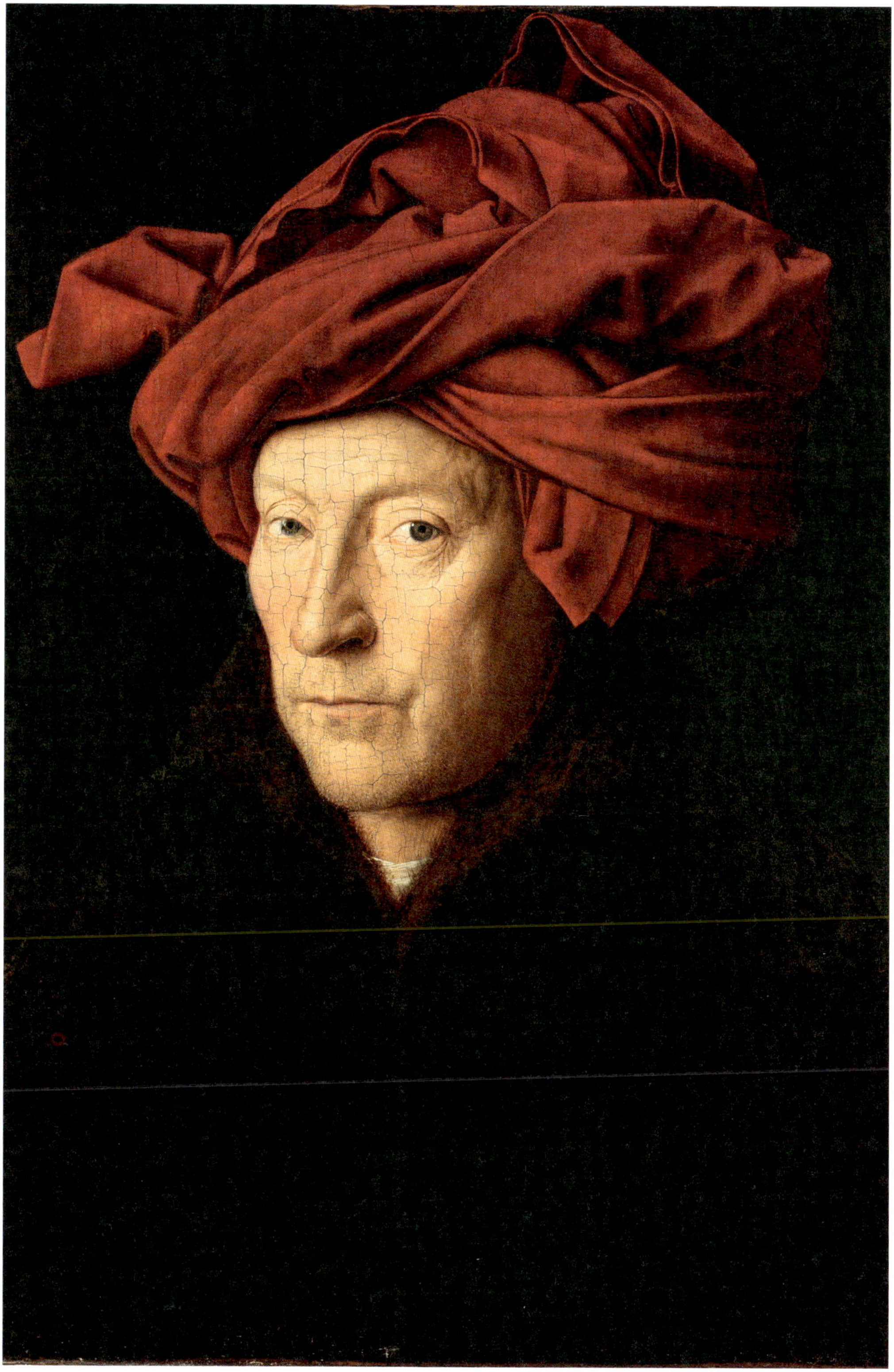

十字架上的基督双联画

血红

15世纪40年代，扬·凡·艾克去世后，罗吉尔·凡·德·维登（Rogier Van der Weyden）成为"好人"菲利普喜爱的画家之一。作为布鲁塞尔显贵的肖像画家，在宗教绘画中他以强调戏剧性和虔信而闻名。

在凡·德·维登的画面中，神秘主义弥漫。通过给予所描绘场景中人物的情感和心理足够的关注，他邀请观众激赏他信仰的虔诚。艺术家将这个悲剧场面展现在双联画上，以强调死者的痛苦与生者的悲伤。当人物以庄严的姿态占据画面时，我们所感受到的这种绝望无须赘言。

最引人注目的是画中两种元素的强烈碰撞：一方面是画中角色穿着的布料令人难以置信的明亮，圣母玛利亚的冰蓝色外衣，圣约翰亮闪闪的长袍，基督在耀眼裹布衬托下苍白的肌肤；另一方面是与这种明亮相对应的火红色，红色关联着十字架上圣者伤口流淌的鲜血。那两块在背景中伸展的红色衬布，将我们的目光带向黑暗至极的天空，那是死亡的黑暗。色调的对比创造了形式上的对峙：水平线和垂直线相互对抗，左边圣母瘫软的轮廓曲线，冲撞着右边画面的严谨构图，基督身体形成的字母"Y"，也与他背后的十字架相匹配。

我们惊讶于作品的风格，它的抽象倾向与极简的装饰，特别是那让人咋舌、引人注目的红色，这些并不符合那个时代的经典样式。这让许多历史学家相信，这是一件放置在修道院中展示虔信的作品。我们于是明白，没有什么能够干扰这种观看。仅仅凭借简单的画面和象征性的设置，就召唤起观看者的崇敬之心：头骨与胫骨，作为亚当的箴言，受难的红色。沉浸在牺牲之中，以静默来尊崇。

残缺的画？

一些历史学家对这件作品缺乏对称性和明显的不平衡感到好奇，提出了这样的观点：双联画实际上是三联画，它缺失了一块面板。

更多参考

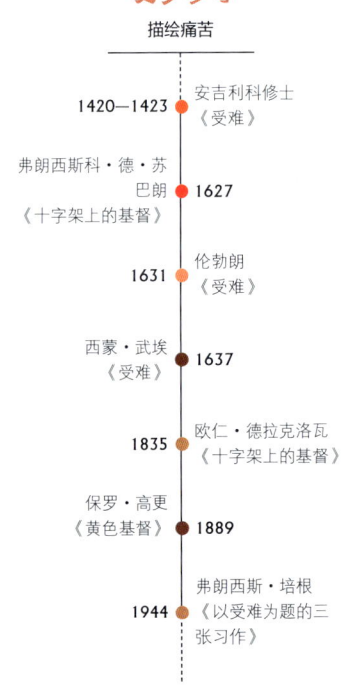

描绘痛苦

- 1420—1423　安吉利科修士《受难》
- 1627　弗朗西斯科·德·苏巴朗《十字架上的基督》
- 1631　伦勃朗《受难》
- 1637　西蒙·武埃《受难》
- 1835　欧仁·德拉克洛瓦《十字架上的基督》
- 1889　保罗·高更《黄色基督》
- 1944　弗朗西斯·培根《以受难为题的三张习作》

▶《十字架上的基督双联画》
罗吉尔·凡·德·维登
1460
木版油画，180.3 cm × 186.4 cm
费城艺术博物馆，费城

耶稣基督分离了他的身体和血液,要么是在十字架上真的发生,要么是祭坛上的神秘事件。

——博絮埃(Jacques-Bénigne Bossuet)

红衣女士

成为女人

布龙齐诺（Bronzino）师承矫饰主义画家蓬托莫（Pontormo），因受到乌尔比诺公爵的注目，1530年被邀请来到宫廷服务。直到1539年，他转而为美第奇家族效力。

我们并不知道这个身穿红裙的优雅女子的身份，但她无疑是一位显贵。这种社会背景的显露，来自她衣着的奢华、镶宝石的黄金首饰的精致，当然还有她倨傲的姿态。

我们没法忽视她的长裙，它呈现丰盈的体积，能够穿着这种衣服的女士无疑非富即贵。想象一下如此一身行头干活或做家务吧！除去衣服夸张的外形，吸引我们的就是它的颜色：伴着微微橙色调的鲜艳夺目的红色。那是上流社会炙手可热的红色，一种具有强烈象征意义的昂贵色调。在长裙之外，其他财富的象征也强化着整个画面。豪华的绿色天鹅绒扶手椅，框住模特的新古典主义卧室，还有背景中的两本书，暗示那些有能力接受教育、有钱购买书籍的人的博学。

然而，除了她的荣耀、成功，从这张画上，对这位神秘女士我们能了解的并不多。看看她的神情是多么心不在焉、疏远，几乎抹去了所有情绪，什么也看不出来。有人说，她放在膝盖上的念珠，可能会给我们提供一些线索，但念珠被放在那里正是她的阶层所要求她的，似乎只是为了提醒我们，她是个受人尊敬的女士。这只狗呢，是为了取悦她吗？看起来也不像。狗也被降格为一个象征：忠诚。所以她是一个忠贞的已婚妇女。

我们始终没法打破坚冰似的谜团。《红衣圣母》这个抽象的名字曾被用来称呼这张画，因为那是那个时代令人肃然起敬的女士道德品质的化身。

红色的胜利

文艺复兴时代，红色在威尼斯绘画中得到熟练的应用。从最深最暗的红色到最耀眼的红色，都在那里产生。纺织品的丰富性并不在于它使用的颜色，而在于颜色的光彩夺目。直到19世纪，平淡、褪色或暗淡的色调都是穷人专享，因为他们的衣料只能使用低廉的染料。

矫饰主义
（Maniérisme）

在这个不起眼的名字背后，隐藏着一场1520年至1580年间的艺术运动，它既不追求比例的准确、色彩的和谐，也不追求空间的真实。矫饰主义艺术家（布龙齐诺、阿尔钦博托、柯勒乔……）从拉斐尔、米开朗琪罗或达·芬奇那里汲取灵感，并实践一种博学且充满丰富象征的艺术。

《红衣女士的肖像》
布龙齐诺
1525—1535
木版油画，89.8 cm×70.5 cm
施泰德博物馆，法兰克福

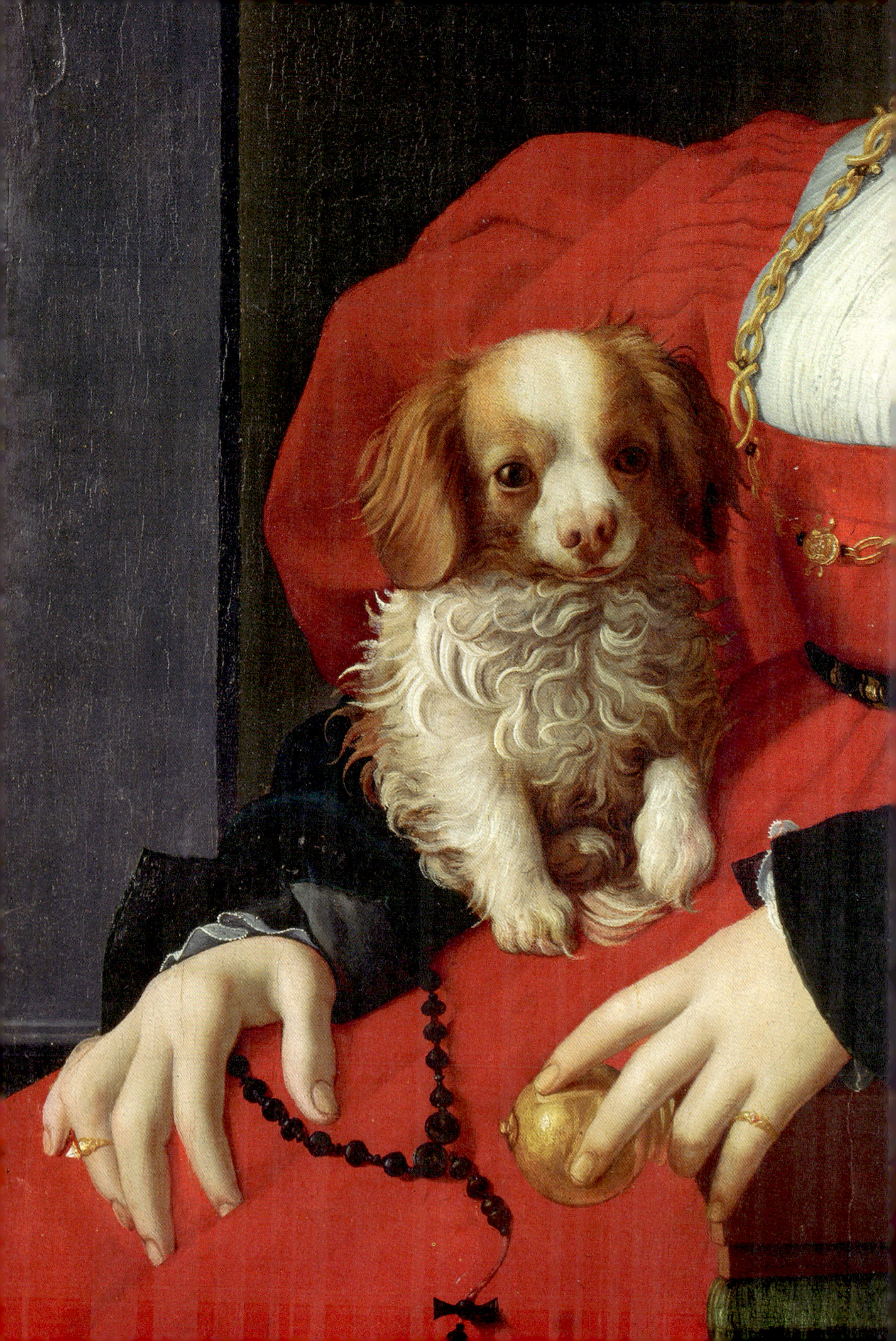

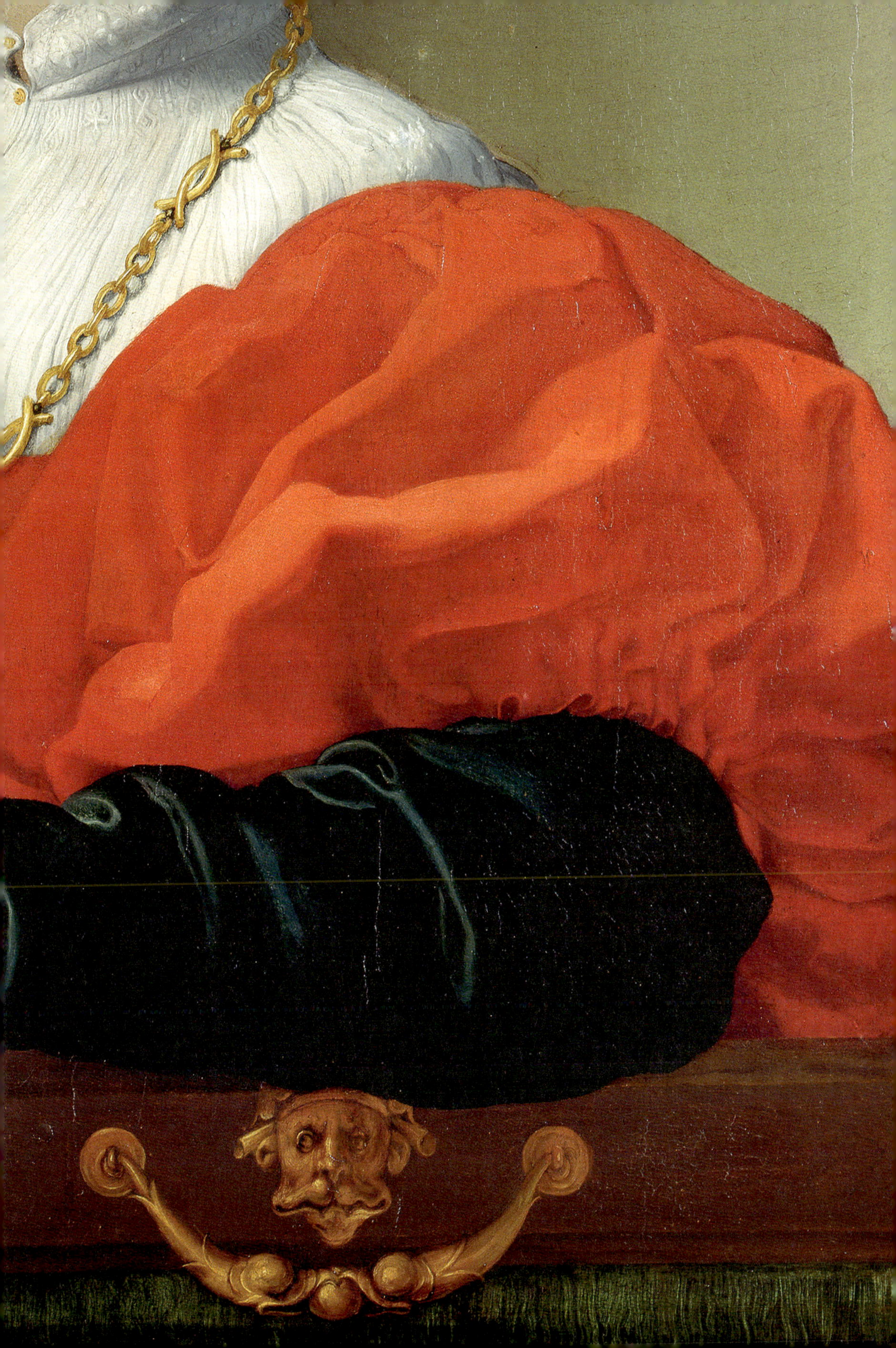

维纳斯与风琴手

真的是维纳斯吗？

由乔尔乔涅（Giorgione）开创的"慵懒的维纳斯"样式，也被提香（Titien）借鉴到自己的画作当中。维纳斯时而腼腆，时而魅惑，但总是感性异常。在绘画语言上，相对于线条，她体现了一种画家对色彩的偏爱。

女神常常有不同的变体，数个分身被音乐家陪伴，或是一个鲁特琴演奏者，或者像这幅画是一个管风琴手。这类绘画有个共同之处，要么是维纳斯总侧卧在宽阔的窗口，要么背景就是向外部敞开的凉亭。画中我们看到的是一座带花园和喷泉的宫殿的中心大道。

但我们还是将注意力移回画中相对的两个人物身上。音乐家穿着他那个时代的服饰，合身的上衣、宽松的马裤。他一边弹奏着管风琴，一边转过身来将目光投向顽皮的小狗，也许是去看侧卧女人赤裸的身体。女人无视衣冠楚楚的音乐家，以正面的赤裸示人，仅有一些精致的首饰衬托着她乳白色的肌肤。她也看着狗，心无旁骛地看着狗。她是这场演出最引人注目之处，提香为她悬起一条红色的帷幔，就像剧场的幕布一样。

这是一幅强调感官体验和心神愉悦的寓意画，它与音乐、游乐和肉体的隐喻达成共鸣。维纳斯散发着性感的光芒，身体从红色的帷幔中凸显出来，情色意味十足。然而，这幅画似乎是在一个比看上去要有分寸的背景下创作的。它是一件定制作品，再现的是一对已婚夫妇。面部特征是个性化的，更重要的是，维纳斯戴着婚戒！画中没有丘比特，而其他版本中，丘比特总是作为女神的忠实盟友出现。这么说来，画中人并非维纳斯，而是一位已婚女士，小狗向我们暗示着爱情的忠贞。

四个维纳斯

提香画过四幅"维纳斯和音乐家"，前两幅（1548—1555）再现了女神与管风琴手，分别收藏在马德里的普拉多博物馆和柏林画廊博物馆；后面两幅（1565—1570）以女神和鲁特琴手为主题，分别收藏在纽约大都会艺术博物馆和剑桥菲茨威廉博物馆。

更多参考

忠诚的伴侣

- 1434 扬·凡·艾克《阿诺菲尼夫妇》
- 1656 迭戈·委拉斯开兹《宫图图》
- 1758 弗朗索瓦·布歇《快乐的母亲》
- 1842—1844 古斯塔夫·库尔贝《库尔贝与黑狗》
- 1893 贝尔特·莫里索《朱莉·马奈和她的灰狗拉尔特》
- 1912 贾科莫·巴拉《拴皮带的狗的动态》
- 1938 弗里达·卡洛《与狗的自画像》
- 1992 杰夫·昆斯《小狗》

16

一个好画家只需要三种颜色：

黑、白、红。

——提香（Titien）

《维纳斯与风琴手和小狗》
提香
1550
布面油画，138 cm×222 cm
普拉多博物馆，马德里

被妻子嘲笑的约伯

保持信念

美好结局

在失去所有的财产、妻子、孩子（在房屋倒塌中丧生）之后，约伯还有理由信神吗？然而正是在受尽病痛纠缠和人们冷嘲热讽之后，神给了约伯双倍的补偿，赐他七个儿子、三个女儿和一个深情的妻子。苦难可能会无缘无故降临，但我们需要相信明天会更好。

重新发现

乔治·德·拉图尔被艺术史遗忘了很久。直到20世纪，德国艺术史学家赫尔曼·沃斯（Hermann Voss）重新发现了这位画家，并对他大加推崇。1915年，沃斯鉴定出两张南特美术馆收藏的油画，出自德·拉图尔之手。由此全世界都开始着迷于这位擅长明暗对比的天才画家，其画作大约有30幅传世。

▶《被妻子嘲笑的约伯》
乔治·德·拉图尔
约1630
布面油画，145 cm × 97 cm
古代和当代艺术博物馆，埃皮纳勒

对于乔治·德·拉图尔（Georges de La Tour）来说，其作品的力量往往来自一根简单的蜡烛。生活场景被温和的烛光照亮，虽然删繁就简却蕴含无限潜能。即使绝大多数画作讲的都是《圣经》故事，他也没有丝毫的夸张和过度的修饰，而是始终保持着视觉转述的准确。

以乔治·德·拉图尔选择《旧约·约伯记》中的片段描绘为例：这个故事关乎对信仰坚定性的考验。约伯是一个富有而虔诚的人，在上帝的默许下，撒旦让约伯陷入一连串的困境，以激起他对神的背叛、逆反或背弃。然而约伯自始至终也没有放弃他的信仰，即使受到不公正的凌辱，他仍然坚守着对上帝的忠诚。

画家展示了这种耐心，或者更确切地说是信心。他使用强烈的明暗对比来支撑画布上的冲突，这冲突既有图像意义上的，也有象征意味上的。显然，我们没法回避那公然的对峙，两个人物间的对峙。这个女人，约伯的妻子，多么盛气凌人，近乎胁迫，试图说服约伯背叛他的上帝！德·拉图尔让女人的形象充斥着画布的空间，以至于她必须弓着身子才能将自己纳入画面。她站在那儿，穿着火焰般华丽的红裙，现身在烛光之中。约伯坐着，极度虚弱，痛苦不堪，而他脚下，可以看到一些陶罐，这些陶罐被用来帮他缓解溃疡的灼痛。一切相反相成，她盛装华服，他赤身裸体；她孔武健硕，他弱不禁风；一个风华正茂，一个风烛残年。艺术家甚至将约伯全然置于阴影之中：他真的失去了一切吗？

于此之外，我们注意到约伯双手合十、目光向上，被一圈淡红色的光环照亮，仿佛充满着内在的笃定。如果这幅画以另一种方式被解读呢？难道不是他的妻子被形势所迫，不得不卑躬屈膝吗？应该是她在屈身请求约伯去做那不可思议的事情。约伯挺直身子，昂起头，坚守着尊严和勇气。

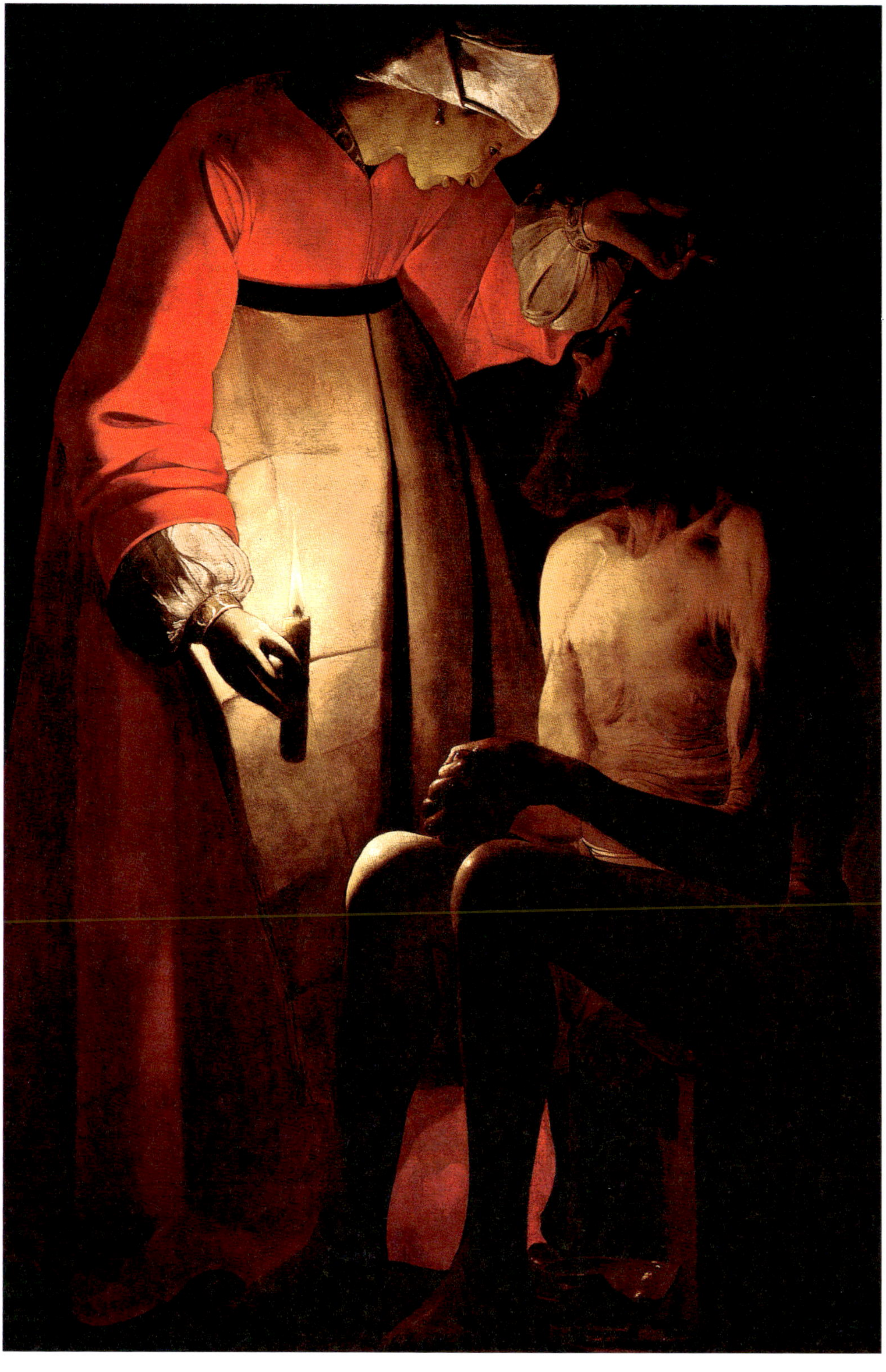

枢机主教的三联肖像

重复三次

枢机主教黎塞留原本将这项任务委托给安东尼·凡·戴克（Antoine Van Dyck），因其去世，就转而选择菲利普·德·尚佩涅（Philippe de Champaigne）来绘制这幅用作模型的绘画。

乍一看这幅三联肖像，人们可能会把德·尚佩涅想象成一个颇具独创性的先锋艺术家，然而这个误解将随着谜底揭开而消除。肖像之所以会被这样完成，是因为它的目的非常明确，只是用于向远在罗马的雕塑家弗朗西斯科·莫奇（Francesco Mochi）定制枢机主教的胸像。

在画中，这位政治家和教士身着枢机主教专有的红色长袍，被呈现为一个四分之三侧肖像和两个侧面（左侧、右侧）肖像。艺术家对政治家的刻画和对普通人的描绘一样，抱有相同的热情。在枢机主教的固有仪态之外，德·尚佩涅也凸显了人物面部的生理细节，比如拱起的鼻梁，岁月的印痕，左边太阳穴上跳动的血管，细小胡须下紧绷的嘴唇，以及锐利有神的目光。

三重肖像从深色背景中凸显，使得黎塞留的形象更为立体，同时帽子与衣服的红色也让他显得高贵和庄重。关键已被讲述，本质就在那里：智慧、尊严和虔敬。这不只是一幅华丽炫目的肖像，更是一个灵魂寄宿在职责中的人的肖像。

有趣之处在于，枢机主教和艺术家一起创造这幅肖像画的方式，他们同样怀揣一种将理念镌刻在时间中的意愿。黎塞留非常欣赏画家的表现，以至于要求德·尚佩涅根据这幅肖像修改他所有以往的肖像。这个模型成了绝对的典范。

主教制服

红衣主教穿着红色是为了纪念基督所流的血。他们的制服（夏天是缎子，冬天是羊毛）包括一顶小圆帽、一件长袍和一条被称作莫在特（mozette）的短披风。画中，在宽宽的蓝绶带上，黎塞留还佩戴着圣灵骑士团勋章。

立体视角

三联肖像或者说三重肖像的历史可以追溯到文艺复兴时期。当时，画家们意欲挑战雕塑家，想向后者证明他们同样能够以多个角度来描绘一张脸。随后，这些多重肖像逐渐被用来当作雕像塑造的模特。

鲜艳的红色照亮了他的面庞。

——伏尔泰（Voltaire）

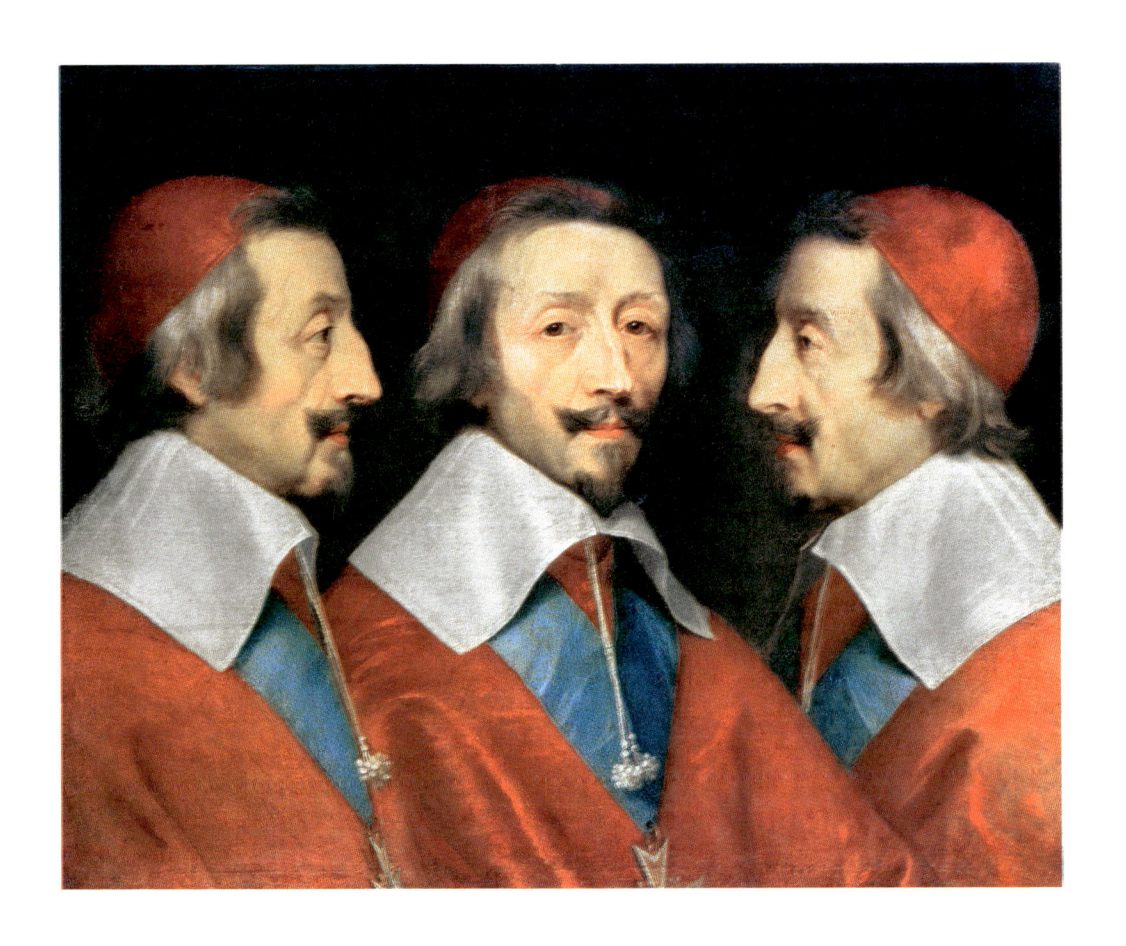

《枢机主教的三联肖像》
菲利普·德·尚佩涅
约1642
布面油画，58.7 cm × 72.8 cm
伦敦国家画廊，伦敦

任第一执政官时的拿破仑
权力的服饰

在1799年雾月十八日政变和随之的执政府建立后，拿破仑·波拿巴自立为法兰西第一执政。

画家安托万-让·格罗斯 (Antoine-Jean Gros) 在1796年结识了约瑟芬·波拿巴，并通过她的引荐，成为声名鹊起的肖像画家，乃至官方历史画家。执政府成立伊始，拿破仑便被艺术家簇拥起来，艺术家受雇通过肖像、正式场合的再现和令人眼花缭乱的寓言来颂扬第一执政官。

安托万-让·格罗斯参与了这场造神运动，创作了许多拿破仑的肖像。这张画中，我们可以看到拿破仑满脸自豪地站在那儿，一身共和国执政官的华丽戎装。红色的外套搭配洁白的裤子，裤子上是植物叶片状的金线刺绣，装饰奢华的佩剑，以及骑兵的皮靴。他右手边的桌子上叠放着许多文件，卷头的"条约"字样清晰可辨，旁边是巨大的墨水瓶。执政官将自己打扮成改革派的政治家和骁勇善战的军人。文件上我们还能依稀辨认出"雾月十八"与"和解协议"，艺术家借助这种方式，在画中再次重申拿破仑作为执政官的角色。拿破仑后来将这幅画赠送给第二执政康巴塞雷斯。

身着红色华服的拿破仑将自己定位为君主制和罗马皇帝的继承人，因为这种颜色在古罗马是权力的象征——皇权总是被奢华的紫红色装饰。执政官不是已然通过这种方式告知我们，他想做皇帝的野心了吗？与此同时他也并未背离王室的传统，因为他的身影也让人联想起路易十四所规范的法式穿着样式。拿破仑保留了其中的三个元素：外套、背心和马裤。变化的是高直领，这是典型的新风尚。

里昂的红丝绸

拿破仑·波拿巴通过修改制服样式和政府采购，重振了里昂的丝绸业。1800年，当他在马伦哥战役取得胜利后途经里昂时，市政府向他赠送了一件第一执政官的红色丝绒外套（画中所穿的那件）。他穿着这套礼服出席了众多官方仪式，其中就包括1802年《和解协议》的签署。

最后时刻

在不久于人世之时，拿破仑将这件红色礼服送给了贝特朗大元帅的女儿霍滕斯，准许女孩将它改成套裙。这种传承衣物的习俗自中世纪以来就一直存在。对于历史文物来说，幸运的是年轻的女孩保持了衣服的原样。如今这件礼服就保存在马尔迈松城堡。

▶ 《任第一执政官时的拿破仑》
安托万-让·格罗斯
1802
布面油画，205 cm × 127 cm
巴黎军事博物馆，巴黎

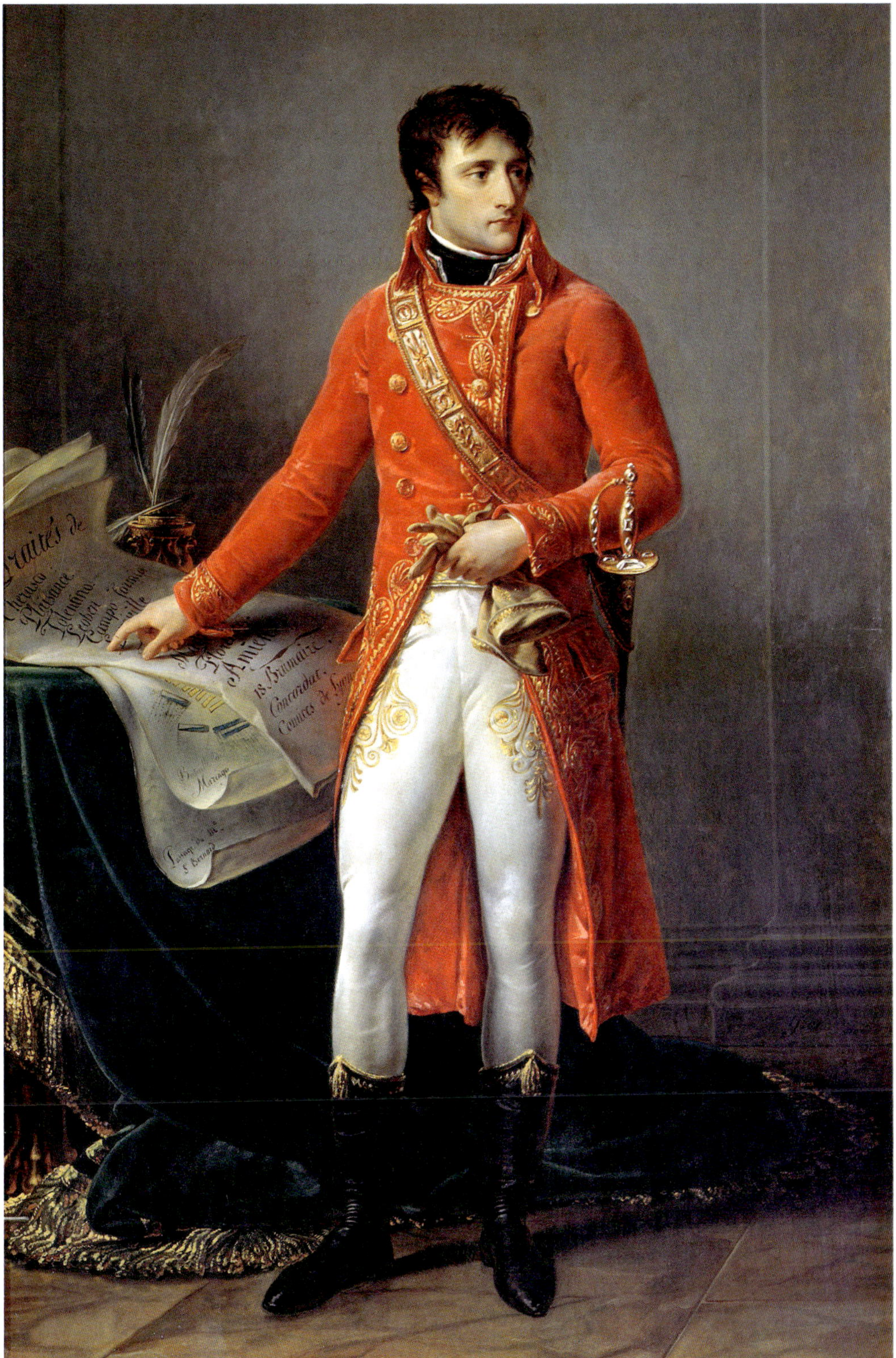
18. Brumaire.
Concordat.

快乐的人
看不见的真理

1891年，保罗·高更（Paul Gauguin）定居塔希提岛。在那里，他希望找到"没有冬天的天空"；在那里，那些与自然相连的闪闪发光的风景和原始古老的生活方式，深深地启发着他。

自从高更与象征主义风格关联在一处，也就是他在阿旺桥创作的《黄色基督》被冠以象征主义之名起，艺术家创作了一系列使用纯色平涂与形式提炼的画作。塔希提滋养了他进一步发展这种趣味，在岛上，他将自己从传统的艺术规则中解放出来，以便更好地表达那些"看不见的真理"。

通过《快乐的人》，高更继续着他将梦想与现实关联在一起的研究。他创造了一种图示，让色彩缤纷的风景与塔希提的文化精神相遇，同时也将自己的想象注入其中。我们所看到的毕竟没有超出我们的认知：两个坐着的女人，其中一个吹着笛子，另一个注视着我们。风景在背后展开，另有几个女人也许正在散步或跳舞，因为走在最后的人举起了双臂，就像一场面对一座雄伟塑像的神秘仪式。

画中场景几乎相互重叠，没有景深。天空消失了，艺术家决定将画布的中心置于尽可能靠近自然的地方。颜色是万能的，它凸显了每个场景并描绘出风景中事物的不同材质：这里是草坪，那里是小路……令人惊讶的是，这些色调与我们现实的标准并不相符。猩红色的小路对我们来说并不常见，而对于这只胭脂红的狗，我们又能说什么呢！这是一只真正的狗吗？毕竟，即使它不是一只狗，我们也不会太惊讶。因为塔希提岛以其近乎萨满教的宇宙吸引着画家，在这个宇宙中，人类和灵魂在信仰与自然之神的庇护下共存。高更乐于将不可见之物变得可见。

红色的狗？

1893年11月，高更在巴黎展出了一系列塔希提画作。展览并不成功，画中的色彩，尤其是那条红色的狗受尽人们的嘲笑！因此，1895年当他决定彻底离开法国前往塔希提岛时，他回购了《快乐的人》。他爱这张画，爱他红色的狗。

深奥的艺术

象征主义（Symbolisme）的概念诞生在1876年，埃米尔·左拉（Émile Zola）在评论古斯塔夫·莫罗（Gustave Moreau）的作品时，称之为"象征主义者"。1886年，象征主义运动正式宣告兴起，在绘画方面以古斯塔夫·克里姆特（Gustav Klimt）、奥迪隆·雷东（Odilon Redon）、古斯塔夫·莫罗、费尔南德·赫诺普夫（Fernand Khnopff）、詹姆斯·恩索尔（James Ensor）为主要代表。他们同时是理想主义者和悲观主义者，他们的审美揭示了对幻想、精神和潜意识的趣味。

梦在这颗炽热的大脑中永不止歇：随着更加明确的表达，它不断壮大和升华。

——奥克塔夫·米尔博（Octave Mirbeau）

《快乐的人》
保罗·高更
1892
布面油画，75 cm × 94 cm
奥赛美术馆，巴黎

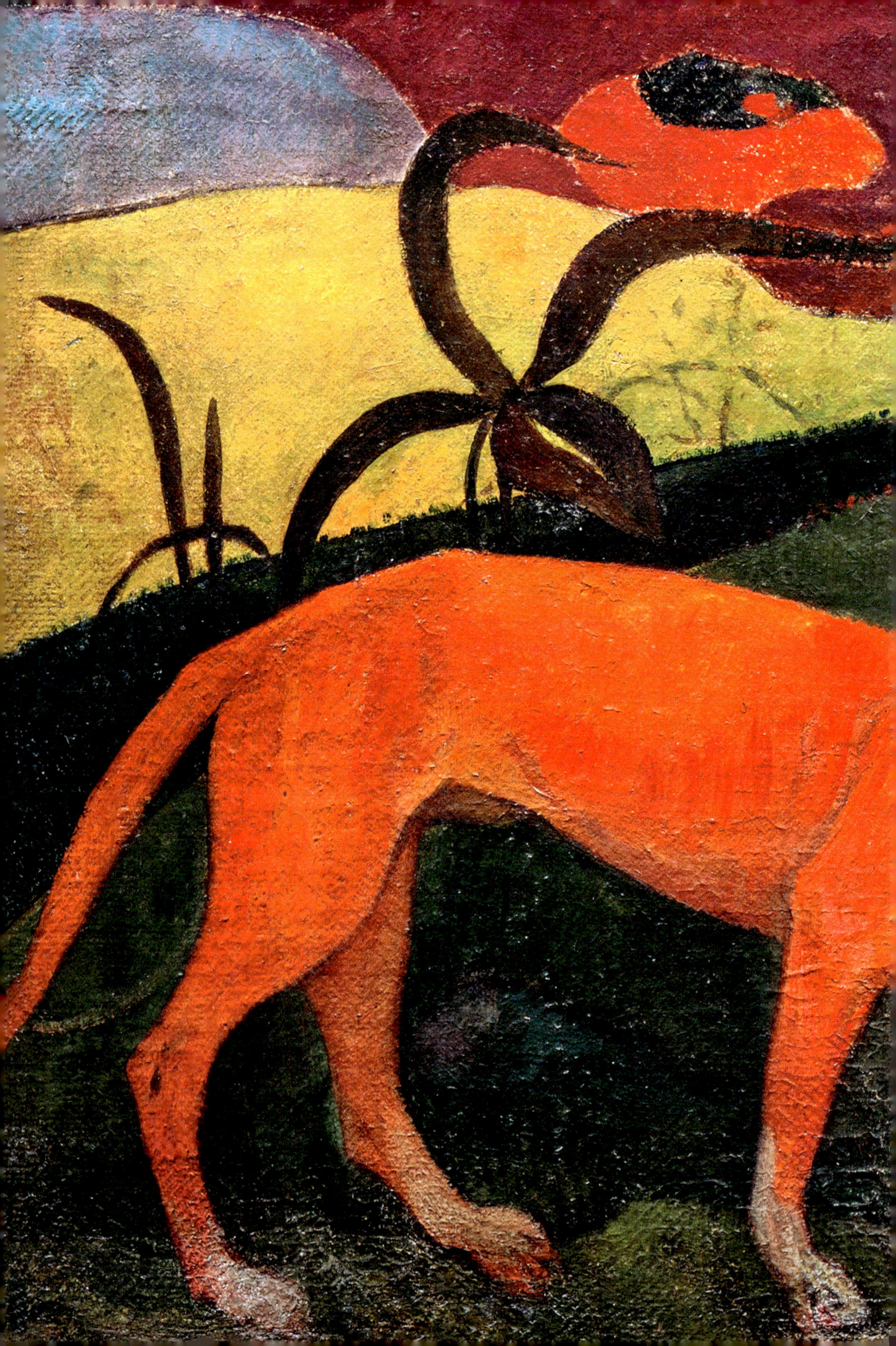

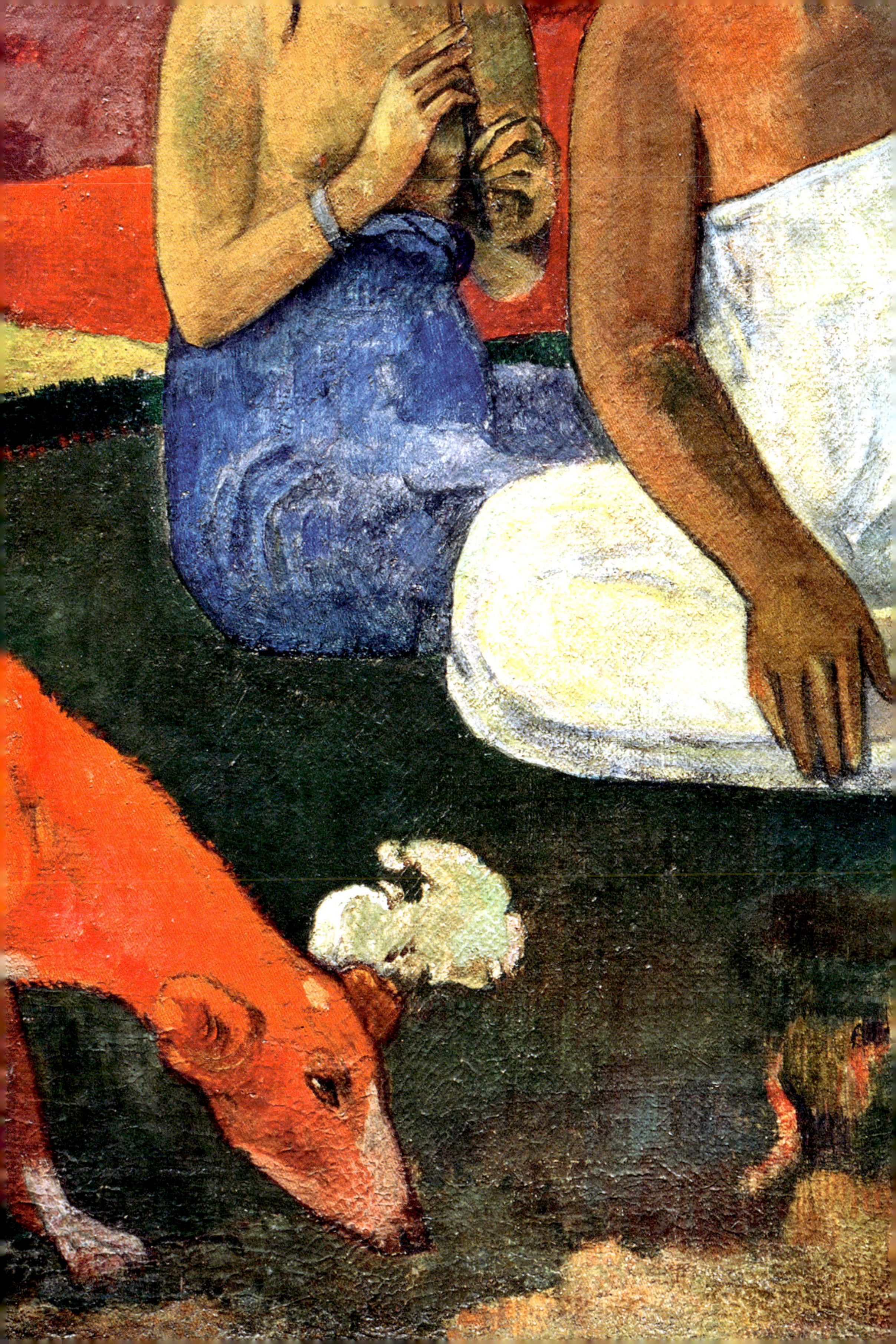

红色画室

看见红色

> **马蒂斯说**
>
> "三屉柜上有几个罐子,其中一个塞满了画笔,它们被摆放在一条由黑色和金色组成的饰带前面,那饰带犹如壁炉大理石装饰,向左伸向座钟背后,我们可以看见表盘却不见表针。右侧的桌子上,有一条半展开的横渡大西洋的帆布,桌上是我蓝白相间的盘子。地上有个来自地中海沿岸的水罐。"

> **有趣的名字**
>
> 美国艺术史学家阿尔弗雷德·巴尔(Alfred Barr)将这个系列画作命名为"室内交响"。他从中发现它们构图上的相似性,一个色彩与图示相结合。该系列包括四幅画作:《粉色画室》《画家一家》《有茄子的居室内景》和《红色画室》。

▶ 《红色画室》
亨利·马蒂斯
1911
布面油画,181 cm×219 cm
现代艺术博物馆,纽约

　　1911年,俄罗斯收藏家谢尔盖·舒金参观亨利·马蒂斯(Henri Matisse)的工作室时,购买了《粉色画室》和《画家一家》,并向画家订购了第三幅画作,也就是这张《红色画室》,但他最终拒绝接受!

　　马蒂斯正是在科利乌尔的工作室里绘制了这些被称为"室内交响"的系列画作。这些画作的共同之处在于,它们都以"工作室"为主题,并且特别强调色彩与构图的装饰性价值。

　　《红色画室》以一种朱红色展现了画家研究的最终成果。这朱红色包裹着一切,四处蔓延而充满活力。受到拜占庭圣像、日本和伊斯兰艺术的启发,马蒂斯在空间感已不存在的表面创造了一种对话。在这红颜色的抟聚中,每个元素都脱颖而出并肯定了其装饰意图。

　　我们视线的轨迹从房间里的座钟开始,然后与那些画作和陶瓷相遇,最终落到马蒂斯特意凸显的一些珍贵物品上。在那些他意欲描绘的对象和粗略勾画的事物之间,他创造了一种结构上的层次感。画作提供了种种色彩的对位,就像前景中的这盒彩色铅笔,马蒂斯在这个有关画室的热烈寓言中为他的画作祝圣。然而令人惊讶的是,即使红色侵占画布,我们却也很容易远离它,因为随着时间的推移,我们不再看到它。我们的目光会自然而然地选择聚焦在所有非红色的事物上。马蒂斯将他的画作切成碎片,这似乎预示着他生命最后阶段的水粉画创作。《红色画室》是他的绘画迈向形式终极简化的第一步,同时他并没有忘记自己绘画的起点,正如他自己所说,"野兽派就是红颜色出现的时候"。

　　这个画室成为画家身体与精神的栖居之所。一个创造和激发灵感的地方,讲述着艺术家的所作所为。

在我的工作室里，地板是牛血红的，就像我们常见的普罗旺斯瓷砖的颜色，墙面也是红色的，就好像血液渗入其中，染红了一切……

——亨利·马蒂斯

情人

近身肉搏

虽然埃贡·席勒（Egon Schiele）是在维也纳分离派、德国表现主义这些现代主义运动中成长起来的，但他的创作却以近乎狂暴的态度，质疑着人类的普遍状况。

在这位奥地利艺术家的作品中，我们发现了数以千计的情色画作，描绘性暴力的场面和扭结的身体。在这张《情人》所在的一系列作品里，埃贡·席勒选择退居幕后，由他的伴侣伊迪丝·哈姆斯和朋友菲利克斯·阿尔布雷希特·哈塔做故事的主角。

艺术家在满足自身情色冲动的同时，也扮演着偷窥者的角色。他喜欢反转那些异性恋夫妇的传统性爱姿势。在这幅画里，男人表现出女性化的姿态，开放、奉献；而女人则做出阳具般的表达，将自己摆在爱人的双腿之间。埃贡·席勒以动物般的紧迫感将身体混合并交织在一起，就像有关生命的渴望。他并没有将人物的五官理想化，身体是羸弱的，棱角分明，就好像身体的生理构造牵引着皮肤的节奏：骨骼、肌腱和肌肉冲破皮肤，扭曲了轮廓。为了进一步将激情与性爱联系起来，画家使用了红色，即情人的头发和长袜的红色，在双腿间延伸成不定型的团块：那是血液吗？

恋人如此的拥抱困扰着我们，显然它远离了理想的浪漫。然而在如此露骨的表现中，那种感官与爱恋的强烈美感，那种由亲密接触引发的情感与脆弱，又让人感同身受。爱人的目光盯着正在画她的画家，仿佛在自我安慰地说，这一切都是假的，她真正的情人就在那儿，在画架后面。

在第一次世界大战爆发之际，艺术家比以往任何时候都更多地讲述着人类的焦虑。这种为永恒而设计的拥抱带着原始生命的气息，介于不雅与崇高之间。

新艺术风格

1897年，约瑟夫·霍夫曼（Josef Hoffmann）、奥托·瓦格纳（Otto Wagner）和科洛曼·莫泽（Koloman Moser）等人创立了维也纳分离派（Sécession），其目标是拉近与所谓的"次要艺术"的距离，抹平艺术与实用之间的界限，同时摆脱过时的学院传统。埃贡·席勒受到"反学院"团体野心的诱惑，在他们的展览中展示了自己的创作。

苦闷

德国表现主义（Expressionnisme）发端于20世纪头20年。它主要由两个团体组成："桥社"，由恩斯特·路德维希·基尔希纳（Ernst Ludwig Kirchner）于1905年创立；"蓝骑士"，由瓦西里·康定斯基和弗朗兹·马克（Franz Marc）于1911年创立。两者的目的都是表现情感而不是现实，尤其是第一次世界大战爆发前夕，那种普遍的备受折磨的情感状态。

我描绘出来自身体的所有的光。

——埃贡·席勒

《情人》
埃贡·席勒
1913
纸本铅笔、水彩和色粉
利奥波德博物馆，维也纳

西尔维娅·冯·哈登的肖像

宛如男孩

奥托·迪克斯（Otto Dix）亲身经历了第一次世界大战慑人的恐怖。它们一直困扰着画家并在他的画作中显现出来。1925年至1927年间，迪克斯在柏林创作了一系列画作，以扭曲的风格将那个时代的社会面貌铭记下来。

在这一时期画家创作的肖像画中，献给西尔维娅·冯·哈登的那幅是无法绕过的。奥托·迪克斯这样对女记者说："我必须画你！势在必行！你代表了整个时代！"

这幅画中，吸引我们的首先是女性被呈现的丑陋样貌。没有虚假的伪饰，没有美之典范的刻画，画家意不在此，相反他着意颂扬丑陋，就像文艺复兴时期，以霍尔拜因（Holbein）、格鲁内瓦尔德（Grünewald）为首的那些德国艺术家所做的那样。他援引古代大师但并未止步于形式，因为他也使用了与古人相同的技术——在现代艺术中足以令人讶异的木板蛋彩绘画。他涂抹掉香烟的牌子，将记者的姓名撰写在烟盒内里。西尔维娅·冯·哈登情绪低落地坐在椅子上，神情阴郁，脸色苍白，嘴巴紧绷……一只长筒袜从大腿滚到膝盖，但毫无情色可言。这是怪诞的，近乎羞辱性的。她的身形构成锐利的折角，让那双强有力的几乎变形的手越发凸显出来。

迪克斯善于运用模糊男女性别特征的方式，来制造一种模棱两可的氛围。这幅画并非一幅传统的肖像，而是一个象征，就像那只装饰火柴盒的老鹰。魏玛共和国时代的柏林经历了一次艺术的爆发与繁荣，这繁荣也体现在那片荒诞的单片眼镜上。当时也是同性恋群体蓬勃骚动的时代，他们将自己从性别的规范中解放出来。西尔维娅·冯·哈登就是解放的象征，她带着那种"我不在乎"的气质，但那也是那些扮演角色的人的孤独，他们内心中的沉重和焦虑，就如同画中热烈而刺眼的红色一般肆虐着。

政治艺术

新客观主义（Nouvelle Objectivité）于20世纪20年代初，在奥托·迪克斯、克里斯蒂安·沙德（Christian Schad）、乔治·格罗兹（George Grosz）、鲁道夫·席利希特（Rudolf Schlichter）、亚历山大·卡诺尔特（Alexander Kanoldt）和马克斯·贝克曼（Max Beckmann）这些艺术家的笔下诞生。受到达达主义运动和表现主义的影响，他们试图从现实的，甚至有时是超级现实的视角，也就是粗粝的、介入的视角来描述整个社会。

电影明星

这种对女性的描绘常见于一种普遍的集体想象之中，以至于鲍勃·福斯（Bob Fosse）将迪克斯创造的这个形象植入他1972年创作的著名音乐剧《小酒馆》。画中人物引人注目地出现在开场场景中，就像影像所记录的那样，她是那个时代颓废柏林的绝对象征。

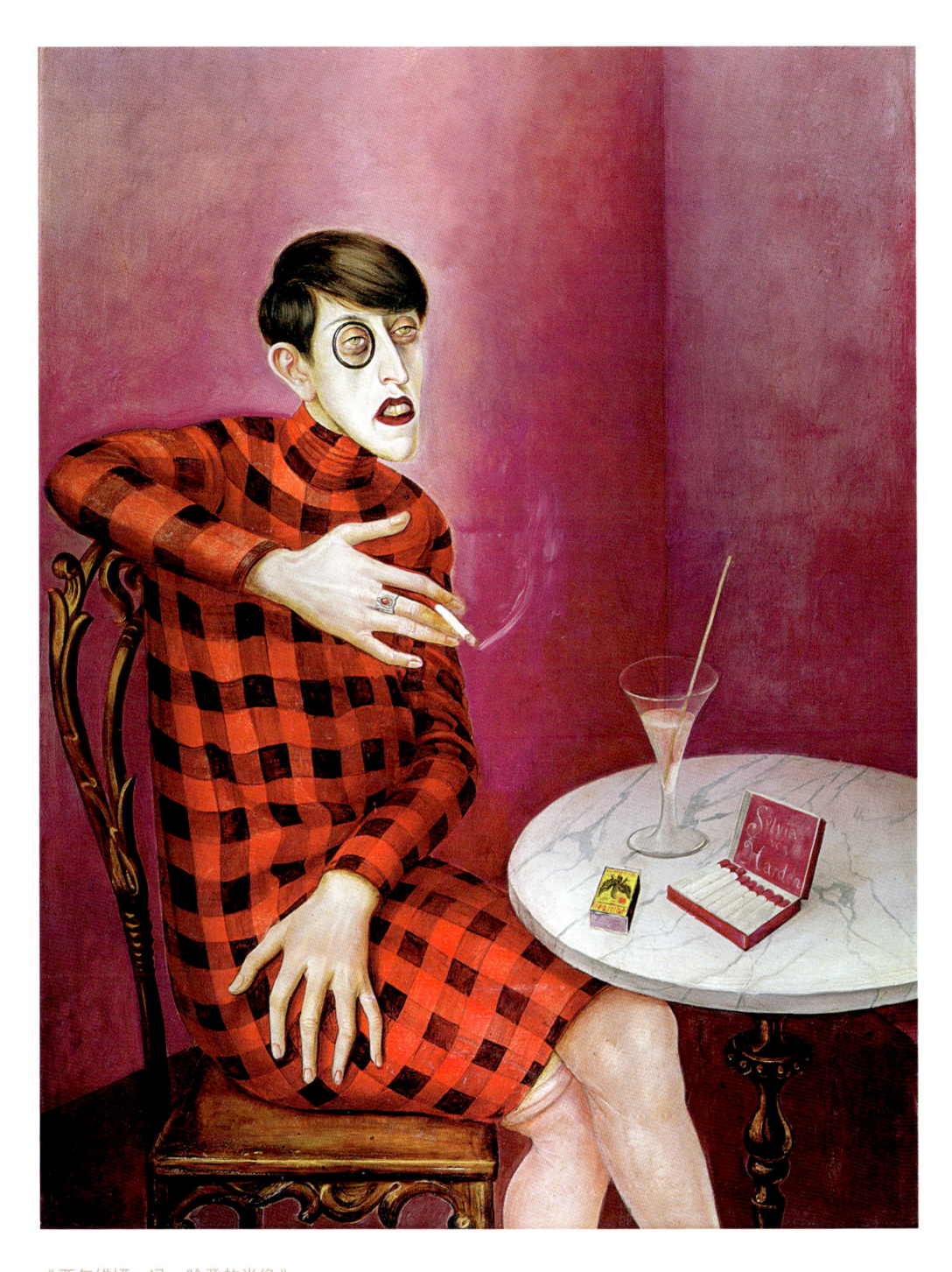

《西尔维娅·冯·哈登的肖像》
奥托·迪克斯
1926
木版油画和蛋彩，121 cm×89 cm
蓬皮杜中心，国家现代艺术博物馆，巴黎

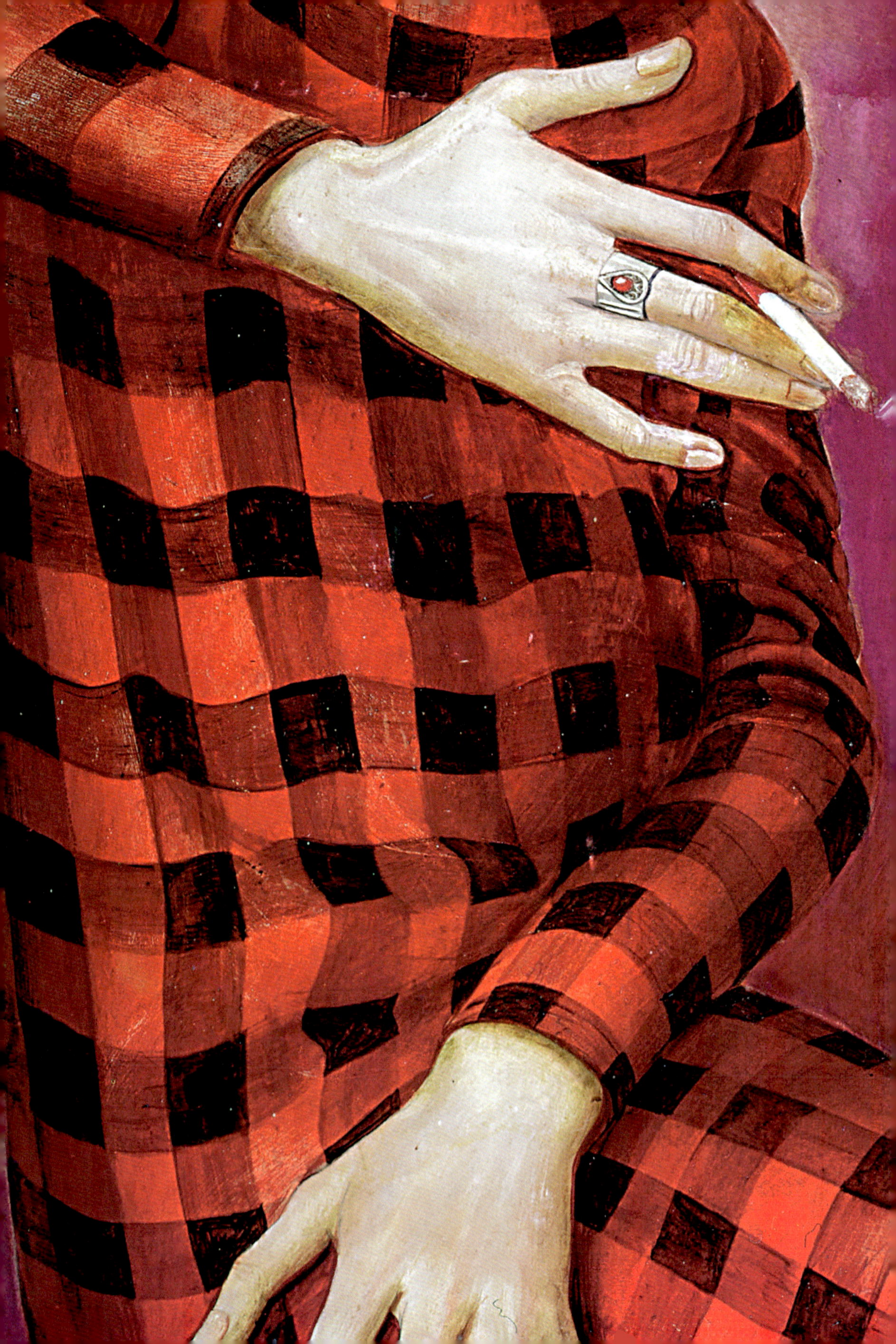

Sylvia von Harden

带红色的B构图（二号）
角落里

> **精神性**
>
> 蒙德里安是神秘学（Théosophie）的追随者，这是非常时髦的思想潮流，它赋予线条和色彩精确的象征意义。即使在他最纯粹的抽象绘画中，蒙德里安也绝对不会忽视那些基本原则：男性与女性的相遇、拒绝混乱、身体、智性和精神。

> **编码信息**
>
> 垂直=男性
> 水平=女性
> 对角线=拒绝混乱
> 红色=身体
> 黄色=智性
> 蓝色=精神

皮特·蒙德里安（Piet Mondrian）与瓦西里·康定斯基（Wassily Kandinsky）、卡西米尔·马列维奇（Kazimir Malevitch）一起被认为是抽象艺术的先驱。从20世纪20年代初开始，蒙德里安便以在黑色直线和白色背景上仅使用原色（红、蓝、黄）组合的画作而闻名。

《带红色的B构图（二号）》以其简约而著称：色彩被浓缩成画布左上角的一个简单的红色矩形，一块引人注目的生动活力的区域。在蒙德里安那里，精神性滋养着几何学。对他来说，直角是探索的终点，所有相互对立的东西都将在此相遇：女性与男性、尘世与天国、生命与死亡。至于红色，则是身体的表征。图式化的概括成为对世界真正的解读。

这是否意味着艺术家的网格忽略了情感？那么请尝试一下：仔细审视这幅画，你难道没有体会到一丝感动吗？蒙德里安热衷于探索那种自然表达的缺失，他带观者远离了绘画再现的领域。他的画面往往吸引着我们，困扰着我们，刺激着我们，也感动着我们。无论如何，站在这样的画前我们不可能无动于衷。关键是去体验。

作品的构图也邀请观者加入游戏。如果我们对这些形状和线条进行细化观察，就能更好地感知那些改变了一切的细节：左侧一条更纤细的垂直线条，在交叉点上形成错视，这里收束，那里扩散。像是有节奏的律动，黑色线条跳到面前更近的地方，引导着我们的视线。我们甚至开始忘掉那被固定在角落里的红色。

蒙德里安如此创造了一种视觉上的不平衡，就像是对生命中短暂出现的烦恼与不快的寓言，它时而爬上波峰，时而跌向谷底。而这红色，就像一片包含着我们所有希望的星团。

《带红色的B构图（二号）》
皮特·蒙德里安
1935
布面油画，118.8 cm×101.5 cm
泰特美术馆，伦敦

无题
一种红色

> **罗斯科说**
>
> "我对颜色与形式之间的关系不感兴趣，对二者的一切都不感兴趣，我唯一感兴趣的是表达人类那些根本的情感，悲剧、狂喜、面向死亡和诸如此类的事情……"

> **拒绝画框**
>
> 马克·罗斯科拒绝给他的画作装框，因为他不仅在作品的边缘进行绘画，还认为画框会阻止色彩光芒四射的效果。

抽象表现主义（Expressionniste Abstrait）诞生于战后的美国。一些艺术家的绘画创作以简化的构图和风格化的几何图形为主要特征，这归根结底成为一种色彩的语言——我们称之为"色域绘画"（Color Field Painting），他们中就包括画家马克·罗斯科（Mark Rothko）。

我们究竟是应该去描述，还是去感受一幅罗斯科的画作？我想感受是必不可少的，因为这位美国画家创作的许多作品，带我们走向了一种纯粹的抽象，其中一些变得令人难以捉摸。这画布浸透着红色，似乎在邀请观看者进入冥想，就像皮埃尔·苏拉吉（Pierre Soulages）创造的黑暗至深的画作一样。当我们的目光迷失于这些耀眼的鲜红色调时，我们注意到纯红的块状部分，对应着背后更为柔和、几乎黯淡褪色的红色。在这个交汇处，我们被吸引住了，不禁发问：完满在哪里？虚空又从何处开始？

罗斯科为我们留下了观看他的画作的提示，理想的状态是在距离画布40厘米左右观看。可以说非常近，以便观看者被这种意味着一切又毫无意义的颜色所侵袭。这造成一种反省内观，向那些热爱精神分析理论的人致意。然而，画家的红色究竟要告知我们什么？它算是危险的标志、感性的记号，还是权力的宣言？都不是，它更像是一种对原初母体的引用，一切在此中成形。母亲的子宫，生命的起源，一个并非虚无的虚空。画中的红色也是创造的起源，艺术史上最早被应用的颜色，仿佛是人类在洞穴岩壁上沉积的赭石色的回声。

最后，至于红色在罗斯科个人语汇中的根源，他谈到自己如何欣赏马蒂斯的作品，尤其是1911年的《红色画室》，他在1949年第一次见到这张画。罗斯科的画作于是构成了对一个人或艺术家自身一切的私密探索。

《无题》
马克·罗斯科
1961
布面油画，237 cm×203 cm
私人收藏

空间概念，等待

赞美虚空

20世纪40年代末，意大利艺术家卢西奥·丰塔纳（Lucio Fontana）开始在他的画表面打洞。50年代末，这些洞变成了割开的裂口，这很快成为他的标志性手法。丰塔纳给予这种方式创作的所有作品一个通用标题："空间概念"。

尽管这些画作可能看起来相当简约，然而探讨的却是艺术中的空间概念，它们试图抹去二维与三维、绘画与雕塑的边界。我们眼前的作品属于一个名为"等待"（Attesa）的系列，当画面只有一个切口时，"等待"就是单数写法；当画面包含数道切口时，"等待"（Attese）就是复数写法。在意大利语中，这个词既意味着等待，也包含着希望。

这些"等待"令人惊讶地赋予画面一种宁静的形式，一种我们在面对无限的难以置信的景象时所感受到的宁静，一种用刀刃割开的裂缝所象征的无限。裂缝被黑色的纱布衬托，以便更好地强调它们虚无的样貌。当卢西奥·丰塔纳在一块红色的画布上进行他的割划创作时，我们看到了他对暴力的影射，同时这也涉及"性"的主题。

这些裂缝确实包含着情色寓意，而这肉体的红色——亲密而原始的红色增强了对女性器官的暗示。但它也与暴力相关。首先是划开画布的动作，显而易见的暴力。如此暴力对待画布的艺术家，欲将何物植入作品当中？又想从中驱除掉什么？这红色的暴力将我们带回到肉体，回到伤口，回到那些被施加在肉体上的割痕，更重要的是回到生活使其遭受的折磨。

卢西奥·丰塔纳在这里展示了生命存在的所有悖论。画家将破坏与创造混为一谈。他将虚空的荒诞性强加给我们，这种荒诞变得显而易见；他也将神秘感强加给我们，这种神秘是他在我们身上激发出来的。

宇宙艺术

1946年卢西奥·丰塔纳前往巴西时，在《白色宣言》中理论化了他的空间主义（Spatialisme）的概念。1950年，他发起了同名的艺术运动，提出了质疑时间和空间的艺术理念。在那个迷恋宇宙的时代，丰塔纳希望将他的"太空艺术"与"太空时代"联系起来。

幸运的事故

据说，一次意外的事故激发了卢西奥·丰塔纳创作割划作品的灵感。有一回巴黎展览之前，他作品中的一幅被损坏了。这可以说是太糟糕了，也可以说是太幸运了，因为这次事故，他的创作方式发生了革命性的改变。

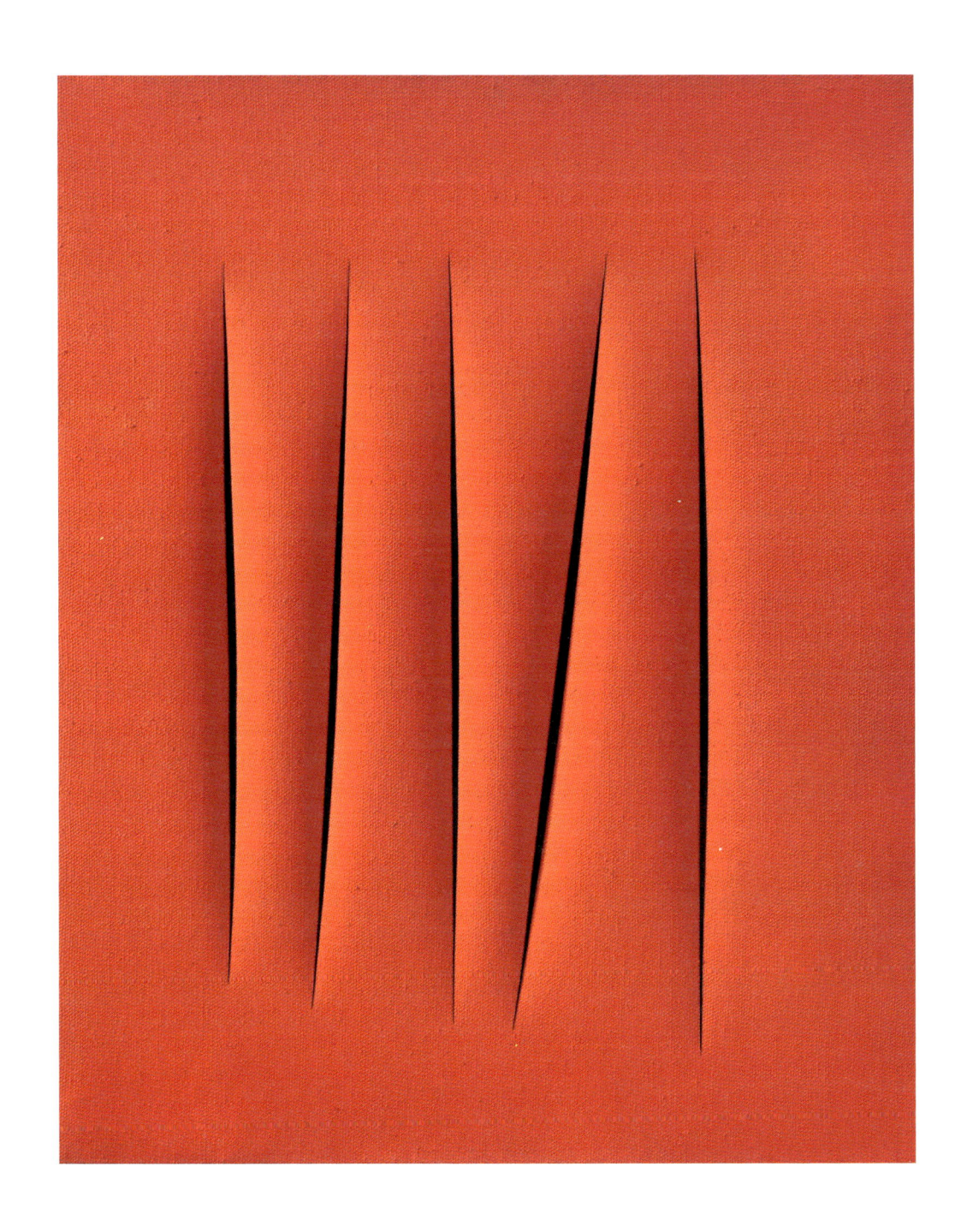

《空间概念，等待》
卢西奥·丰塔纳
1965
布面丙烯，73.5 cm × 60.2 cm
私人收藏

红点

豌豆点

> **病人艺术家**
>
> 自1977年以来，草间弥生一直住在一家精神病院，她自愿选择住院，因为生活节奏准确，让她安心。她在精神病院的对面有一个工作室，每天她与助手一起工作。

> **永无止境**
>
> 艺术家的圆点图案超越了画布边框的界限。她同样用它们覆盖衣服、身体，甚至整个房间，通过无休止的累积，从而进一步加剧了观看者的眩晕感。

草间弥生（Yayoi Kusama）记得，她小时候一度有过一种幻觉：一切都化为虚无，她看到形式的反复堆积，感受到世界的无限空虚。诊断结果出来，她被确诊患有强迫性谵妄。艺术创造，如同一种宣泄，让她能够抑制或至少坦然接受这些紊乱。

草间弥生于20世纪50年代末移居美国，在那里她很快受到战后抽象艺术界的关注。令她着迷的豌豆点图案，在她的作品中占据了中心位置，即使这不是她在艺术上的唯一探索。

在草间弥生眼中，豌豆点同时象征着太阳的生命力、月球的神秘和宇宙中的地球。我们每个人都是超越自身的宏观宇宙的微小造物：人类被简化归属于一个整体的形式。

凭借这幅《红点》，她让我们沉浸在白色背景上的众多红色豌豆点之中。红色振动并创造出一种催眠般的运动，也产生一种能量，尽管画布表面是极简主义的。

草间弥生的创造性狂热延伸进我们的感知，我们最终也体验到她的癫狂。但艺术家并不想让观看者陷入那引人焦虑的沸水之中，这种杂乱堆积的圆点反而引导我们走向内心的平静。就像她自己说的，当我们缩减成为一粒豌豆时，"我们与周遭环境合而为一，进入永恒，我们用爱抹除自身"。

就这样，草间弥生用她的创作质询我们在宇宙中的位置。生命从哪里开始，又在哪里结束？它真的结束了吗？艺术家的豌豆点在邀请我们相信无限。

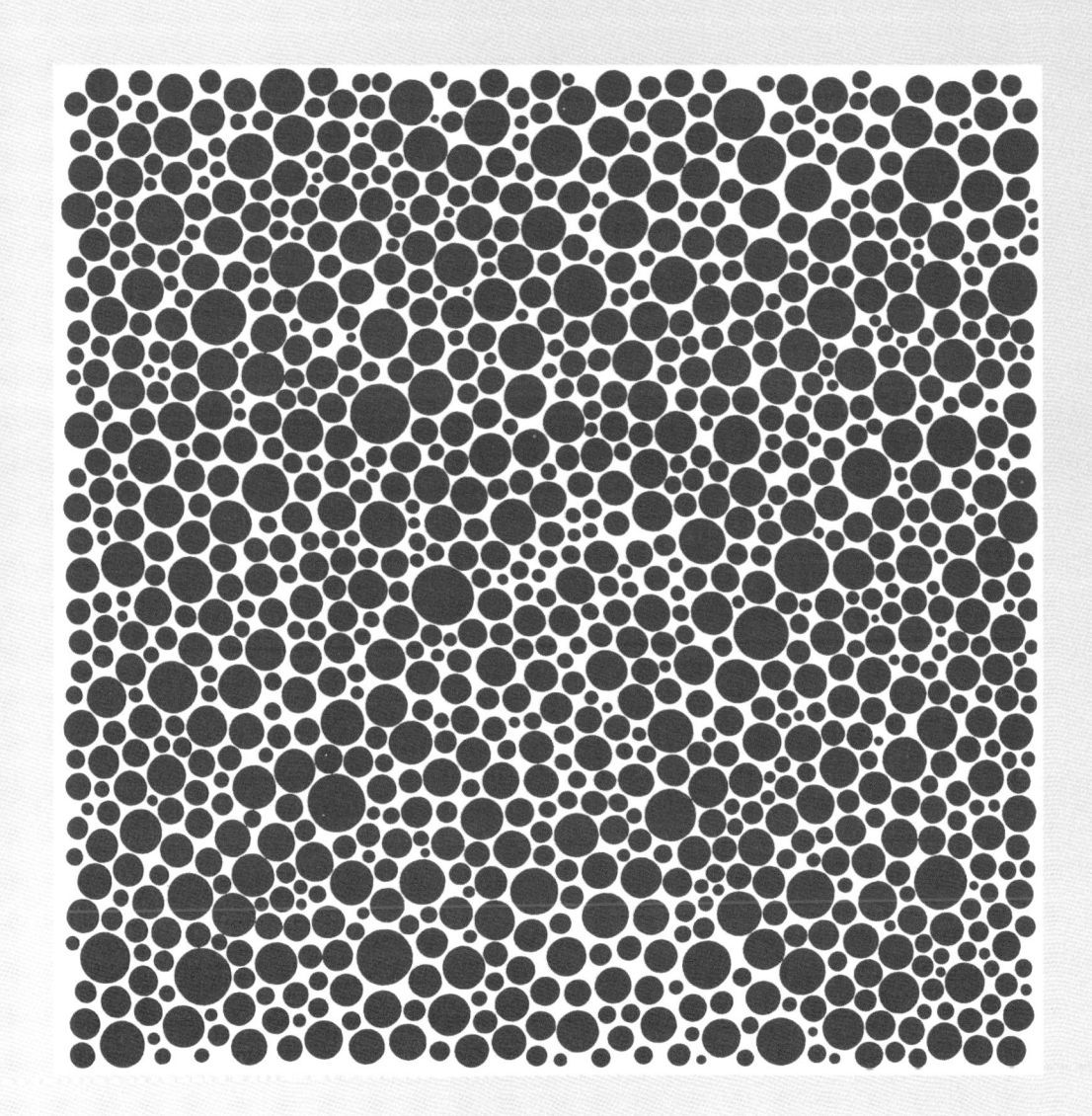

《红点》
草间弥生
2011
布面丙烯，100 cm × 100 cm
私人收藏

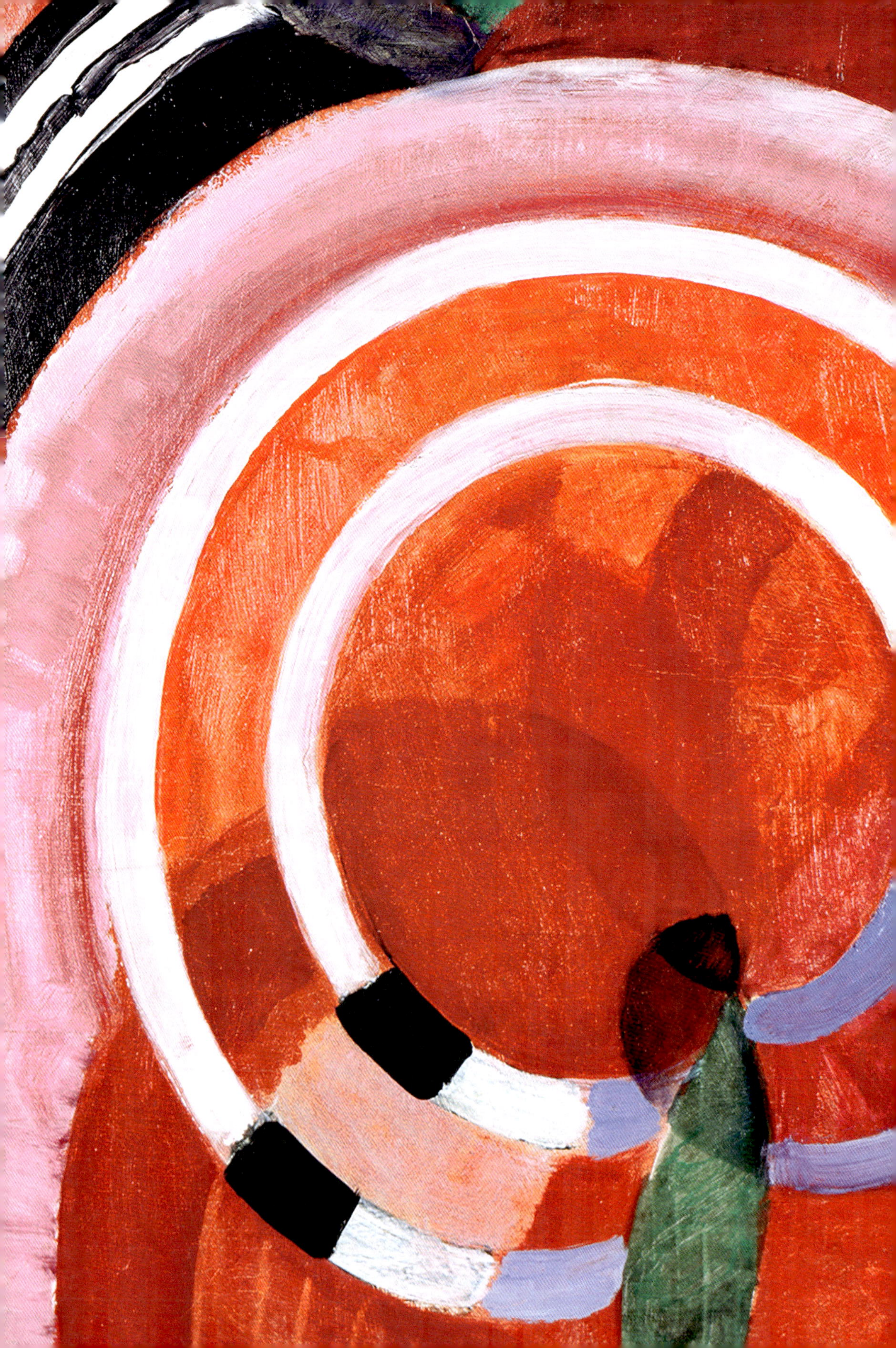

不期而遇的惊喜

《卡哈蒙瓦塞特王子的护身符》（*Amulette du prince Khâemouaset*）
《圣母子三联画》（*Triptyque de la Vierge à l'Enfant*）
《穿越红海》（*Passage de la mer Rouge*）
《科林斯的莱斯》（*Laïs de Corinthe*）
《肉铺》（*La Boucherie*）
《恋人》（*Les Amoureux*）
《鼻烟壶》（*Tabatière*）
《野草莓篮》（*Le Panier de fraises des bois*）
《自画像》（*Autoportrait*）
《阅读者》（*La Liseuse*）
《玛丽·德·埃里迪亚的肖像》（*Portrait de Marie de Heredia*）
《埃德加·斯特恩夫人的肖像》（*Portrait de Mme Edgar Stern*）
《欢乐场景》（*Scène de fête*）
《圣多安罢工》（*Grève à Saint-Ouen*）
《朱红的形式》（*La Forme du vermillon*）
《穿红裙的罗马尼亚女人》（*La Roumaine à la robe rouge*）
《躯壳》（*The Hull*）
《夏日正午》（*À midi, l'été*）
《目的地》（*Destination*）

卡哈蒙瓦塞特王子的护身符

死后世界

卡哈蒙瓦塞特是法老拉美西斯二世的儿子，死于公元前1225年。在他的木乃伊上，人们发现了各种珠宝、物件和丧葬面具，包括这件颇具象征性造型的红色护身符，它也被称为"伊西斯结"。

护身符在古埃及很常见。它们不但保护生者，也保护死者。依据形状、材料和雕刻的铭文，护身符拥有不同的功能。眼前的这种伊西斯结，也叫提特（Tyt），通过施加在上面的祭祀的咒语与铭刻的文字来为葬礼加持。这个护身符以一个束腰打结形成的环形织物呈现，中间的圆环拱起，左右的环径直下垂。这个结通常与一个叫迪介（Djed）的柱状护身符并置在一起，它是奥西里斯（Osiris）的标志，伊西斯（Lsis）女神的兄弟和丈夫。

从这个护身符的颜色与象征意义来看，将它用于葬礼和死亡是令人惊讶的，比起永恒的睡眠，它似乎更接近生命和创造。很多人将这个结视为生殖器官，特别是月经或母性的象征，那红色就是生命之血。此外，碧玉材质的红色也象征火焰，热烈的生命之火。然而，这个结的捆束又是生者可以解开的，通过这种方式以达到另一个现实，也就是永生。事实上，借助伊西斯结，我们向死者提供重生的承诺。不要忘记奥西里斯是复活之神，他的妻子通过将他分散的身体碎片绑在一起，成功地复活他：这是一种重生的娱乐。

因此，即使红色在古埃及也蕴含不少贬义——邪恶、暴力、恐怖——但这款护身符显然远离了这些，这红色更恰当地再现了女神的鲜血。它成为生命的引导者，是超越的、无形的联结的化身。这魔法般神奇的结合让人在永恒中重生。

古代的考古学家

卡哈蒙瓦塞特致力于拯救和修复古埃及第一帝国时期的金字塔，这些金字塔在建成近千年后已经被沙漠严重侵蚀。就是在卡哈蒙瓦塞特的时代，左塞尔金字塔得到特别的修复。

埃及的颜色

白色：纯洁、光明、哀悼
蓝色：灵性、水
黄色：阳光、不朽
黑色：生育力、夜晚
绿色：自然、健康、青春
红色：沙漠、火焰、邪恶
棕色：皮肤

▶ 《卡哈蒙瓦塞特王子的护身符》

公元前13世纪
碧玉雕刻，3 cm × 7.5 cm
卢浮宫博物馆，巴黎

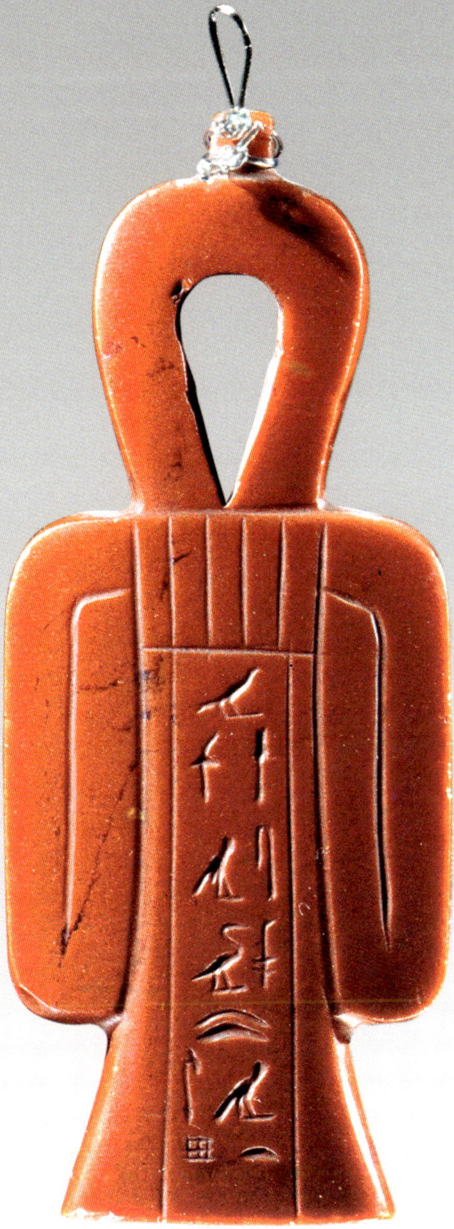

圣母子三联画

血腥预兆

1926年，艺术史家马克斯·弗里德伦德尔（Max J. Friedländer）将一位佚名的弗拉芒画家命名为"叶绣大师"（le Maître au Feuillage en Broderie），原因是画家对树叶细腻的点画仿佛在模仿刺绣的针法。这位身着红袍的庄严圣母就是其作品之一。

一共有5幅姿势相同的圣母子像出自叶绣大师之手。眼前的这幅，圣母坐在一个刺绣精美的金色坐垫上，圣婴耶稣端坐于圣母腿上，眼睛盯着圣母，同时将左手放在打开的书本上——那一定是《福音书》。画家通过画中人目光的传递告知我们，这是基督在教导他的母亲，而不是相反。

两个《圣经》中的人物在一片郁郁葱葱的风景前摆好坐姿，周围是15世纪北欧典型的现代建筑。圣母玛利亚和她的孩子被另外两幅画框定在中间，这里我们没有再现三联画的左右两幅，它们分别都是手持乐器的音乐天使，一个拿着里拉，一个拿着竖琴。圣母宽大的红袍及其形成的夸张褶裥占据着整个空间。比起穿蓝袍的圣母，艺术家更钟爱红色。这里的红色预示着基督后来的牺牲与受难。这是血的红色，一种痛苦的红色，在它自身的矛盾特性中支撑着圣母玛利亚的威严。画面背景左侧的孔雀也是这未来哀悼的象征，孔雀是永恒不朽的化身：它表明基督的肉身虽会消亡，但精神永驻。

好几个早期弗拉芒画家都使用相同的手法绘画，因此一些艺术史学者声称，叶绣大师实际上是活跃在布鲁日和布鲁塞尔的一个艺术家群体，他们的创作生涯集中在1480年到1510年之间。这幅画的作者无疑是其中一员，无论我们怎么称呼他的名字，他都是一位同时关注叙事和装饰的画家，在为信仰服务的过程中，画面也承载着对美的苛求。

红色之上的蓝色

为再现圣母玛利亚，自拜占庭以来，艺术家们往往选择象征权力的红袍。然而在15世纪情况发生了变化，玛利亚的圣像开始与蓝色联系在一起，用以表示圣母与天国的关联，同时也是资助者财富的象征，因为他要买得起作为颜料的青金石。在那个时代，对圣母的崇拜逐渐遍及欧洲，于是圣像绘画的关键问题就变为她设计一种独有的色调——纯净、显赫的蓝色。

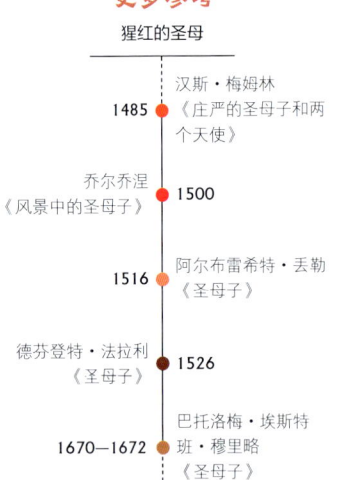

更多参考
猩红的圣母

- 1485　汉斯·梅姆林《庄严的圣母子和两个天使》
- 1500　乔尔乔涅《风景中的圣母子》
- 1516　阿尔布雷希特·丢勒《圣母子》
- 1526　德芬登特·法拉利《圣母子》
- 1670—1672　巴托洛梅·埃斯特班·穆里略《圣母子》

《圣母子三联画》
叶绣大师
15世纪末
木板油画，105 cm×86 cm
里尔美术馆，法国里尔

穿越红海
红色的水

插画师西蒙·贝宁（Simon Bening）和他的绘画工坊，为选帝侯兼大主教勃兰登堡的阿尔伯特绘制了这本时辰之书。书中以42幅细密画插图再现了基督的生平和受难，同时以35个旧约场景作为书页的装饰。

与献给基督的主要细密画插图相对，次要的旧约场景被安排在书页边缘，用以呼应主题。表现"穿越红海"的装饰被设置在基督受洗的细密画旁边，二者以水作为共同的标志物。

边缘装饰中，西蒙·贝宁选择了《出埃及记》中摩西和以色列民众在上帝打开红海通道后平安无事地到达对岸的时刻。在这时，通道已然关闭，埃及军队发现自己已被海水吞没。

有趣的是，插画师将海水表现成红色。如果西蒙·贝宁采取这样的美学判断，那肯定是出于指导性目的：祈祷书的插图必须第一眼就能被理解。因此，任何看到这片红色海洋的人，都知道我们在谈论《圣经》中的哪个故事片段。然而，可能还有其他原因，因为再现这个故事的传统圣像图案，很少将大海表现成红色。西蒙·贝宁也许希望用这红色来象征埃及士兵的死亡。此外，这本书是献给基督与他的受难之作，因此使用红色也是严谨的表达。最后，这本书的资助者是一位有权势的人。艺术家重复使用红色，无论庄严的金色字母的背景，还是被拯救人物的着装，他是否也想通过这种方式强调资助人的影响力？

在这朱红的色彩中，一切都是强有力的：信息的宏大、情感的力量和政治的权威。

时辰之书

这是中世纪非常常见的礼拜仪式书籍。祈祷与一天中的时间相关。它附有日历，有时还附有诗篇或福音。并非所有这类书籍都配有插图，但有一些书籍，比如《贝里公爵的美好时光》（*Les Très Riches Heures du duc de Berry*），则是真正的艺术品。

海的错误

《圣经》中从未提及"红海"。希伯来语手稿将其描述为"芦苇之海"。希腊语译本将其翻译为"厄立特里亚海"，而厄立特里亚本身意味着红色。直到18世纪，人们才注意到这种混乱。自那时起，科学家一直试图确定以色列人穿越的水域范围，更为合理的说法是尼罗河三角洲。

▶《穿越红海》
西蒙·贝宁
1525—1530
羊皮纸上的蛋彩和金箔，16.8 cm×11.4 cm
保罗·盖蒂博物馆，洛杉矶

Võ dem tauff iesu vnd wõ vnser hayligmachũg jm wasser

Ich danck dir herr iesu xp̄e ain brun̄ der gothait vnd ain vrsprung der tugent vmb die diemietige empfahũg des hayligen tauffs vmb die erfüllũg aller gerechtickait vñ die freywillige vnderwersfung vnder die händ deines vrlauffers võ welchẽ du jn dem Iordã getaufft hast wollen werdẽ da du vns gehayliget hast die wasser In welchẽ die allẽ die ge-

EXO· 14

科林斯的莱斯

肮脏的钱?

小汉斯·霍尔拜因（Hans Holbein le Jeune）生活在巴塞尔和伦敦两地，专攻肖像绘画，是国王亨利八世的御用画家。他的绘画手法与众不同，他将弗拉芒的现实主义与意大利的敏感细腻结合起来。

霍尔拜因向我们展示了一幅肖像，这个女子经常出现在他的画中。但在年轻女子面前的石栏杆上，画家特意标明了她的身份：这不是他惯常表现的优雅贵族，而是科林斯的莱斯。一个古希腊的妓女，她声名显赫，所有人为之倾倒，哲学家们也不例外。若想赢得她的垂青，定然花费不菲。

为什么霍尔拜因要再现这么个人物？老实说，我们不知道。唯一可以肯定的是，画的模特众所周知，她名叫玛格达莱娜·冯·奥芬堡，一个大法官的遗孀。她被怀疑是霍尔拜因的情妇。做模特无可厚非，但是她知道自己是在装扮一个妓女吗？

艺术家将两个禁忌主题联系在一起：金钱与性。科林斯的莱斯身着优雅而庄重的红色长裙，将她与自信的性感融为一体。霍尔拜因借用列奥纳多·达·芬奇的包裹式晕染法，统一了色彩和线条。这手法也给年轻女子的面孔带来一定的柔和感，即使她的目光有些急迫，甚至有点不耐烦。画家着意表现这种不耐烦，以至于让妓女伸出张开的手去索要她应得的酬劳。堆在石栏上的金币明确了这一点，她要的是我们的钱。在表现卖淫这样的主题时，霍尔拜因并没有堕入放荡，而是将画笔指向贪婪，同时我们看得出他也惊叹于莱斯的妖艳、高贵。

爱与淫荡

红色可以代表神圣之爱，也可以是性交易的色彩。长久以来，妓女必须穿红色衣服以示身份，而妓院则通过红色的招牌或灯笼来标识自己。

展现奢华

文艺复兴时期，在外套上打洞成为一种时尚，我们称之为"切口"或"开裂"。为什么这么做？是为了露出里面穿的衬衣。衬衣如果质量上乘、洁白无瑕，整套服装才算是奢侈华丽，也是巨大财富的象征。显然，这里是真的想将衬衣展露出来。

▶《科林斯的莱斯》

小汉斯·霍尔拜因
1526
木板油画，34.6 cm × 26.8 cm
巴塞尔美术馆，巴塞尔

:LAIS: CORINTHIACA: 1526:

肉铺
肉与血

画家安尼巴莱·卡拉奇（Annibal Carrache）对博洛尼亚普通民众的生活有着浓厚的兴趣，他的艺术创作也多有表现对风俗画场景的探索，比如那张著名的《吃豆子的人》。在他的画笔下，平淡无奇的场景往往会变成强烈动人的作品。

艺术家画过两幅名为《肉铺》的画作，它们描绘了一个共同的主题，即在肉铺中工作的人。这是画家熟悉的主题，因为他的叔叔和堂兄弟都从事这一职业，然而在当时的艺术界，这个主题的创作并不多见。

这幅画创作于卡拉奇还在学习绘画的时期，那时他竭力渴望摆脱他所鄙视的矫饰主义。画家更喜欢对现实的客观表达，从绘画中对温和的泥土色调的选择和对明暗效果的偏爱，可以看出他欲意摆脱矫饰主义的意图。

我们不禁会注意到，画家再现的事实远离了我们对文艺复兴时期屠夫的认知。画家赋予他的屠夫们高贵甚至亲切的形象，这些人都穿着洁白的围裙。这与他同时代那些表现相同主题的画家显然不同，他们通常会将这个主题变成血淋淋的夸张图示。他们将屠宰与《圣经》中所阐释的肉体的不洁和死亡的暴力联系起来，在法国，屠夫被认为是与刽子手相同的职业。

或许出于对亲人职业的尊重，卡拉奇拒绝抨击这个职业。在这个原本血腥的屠宰空间里，画家渲染了一片惊人的宁静。被剥皮的牲口有序地摆放着，即使艺术家将肉体以原本鲜红的状态描绘出来，它们也不显得血腥。卡拉奇甚至在这些无生命的肉体上洒下一抹柔和的光。这是对生命和死亡这一最基本循环的尊重。

两个版本

安尼巴莱·卡拉奇创作了两幅描绘肉铺场景的画作：其中一幅保存在美国，位于得克萨斯州沃思堡的金贝尔艺术博物馆，就是这里介绍的版本；而另一幅更大的版本，则保存在牛津大学基督堂学院。

更多参考

被剥皮动物

- 1655 伦勃朗《剥皮的牛》
- 1925 柴姆·苏丁《牛肉和小牛头》
- 1927 让·福特里耶《剥皮的野猪》
- 1946 弗朗西斯·培根《绘画》
- 1947 马克·夏加尔《剥皮的牛》
- 1954 贝尔纳·布菲《剥皮的牛》
- 2005 达米恩·赫斯特《天知道为什么》

我们是肉,我们是潜在的尸体。当我去肉铺,总是觉得惊讶,我没有取代那只动物的位置……

——弗朗西斯·培根(Francis Bacon)

《肉铺》
安尼巴莱·卡拉奇
1583—1585
布面油画,59.7 cm×71 cm
金贝尔艺术博物馆,沃思堡

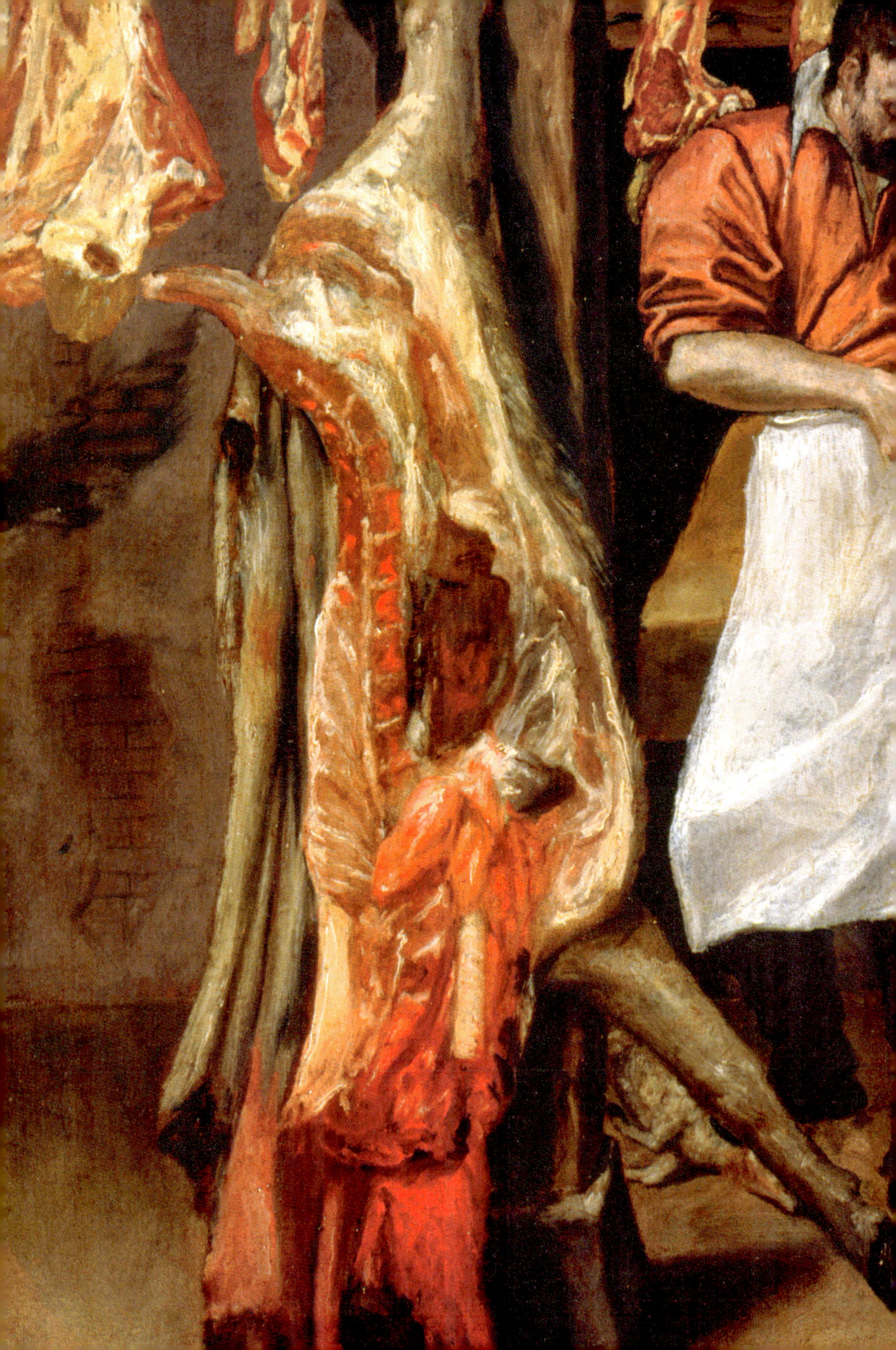

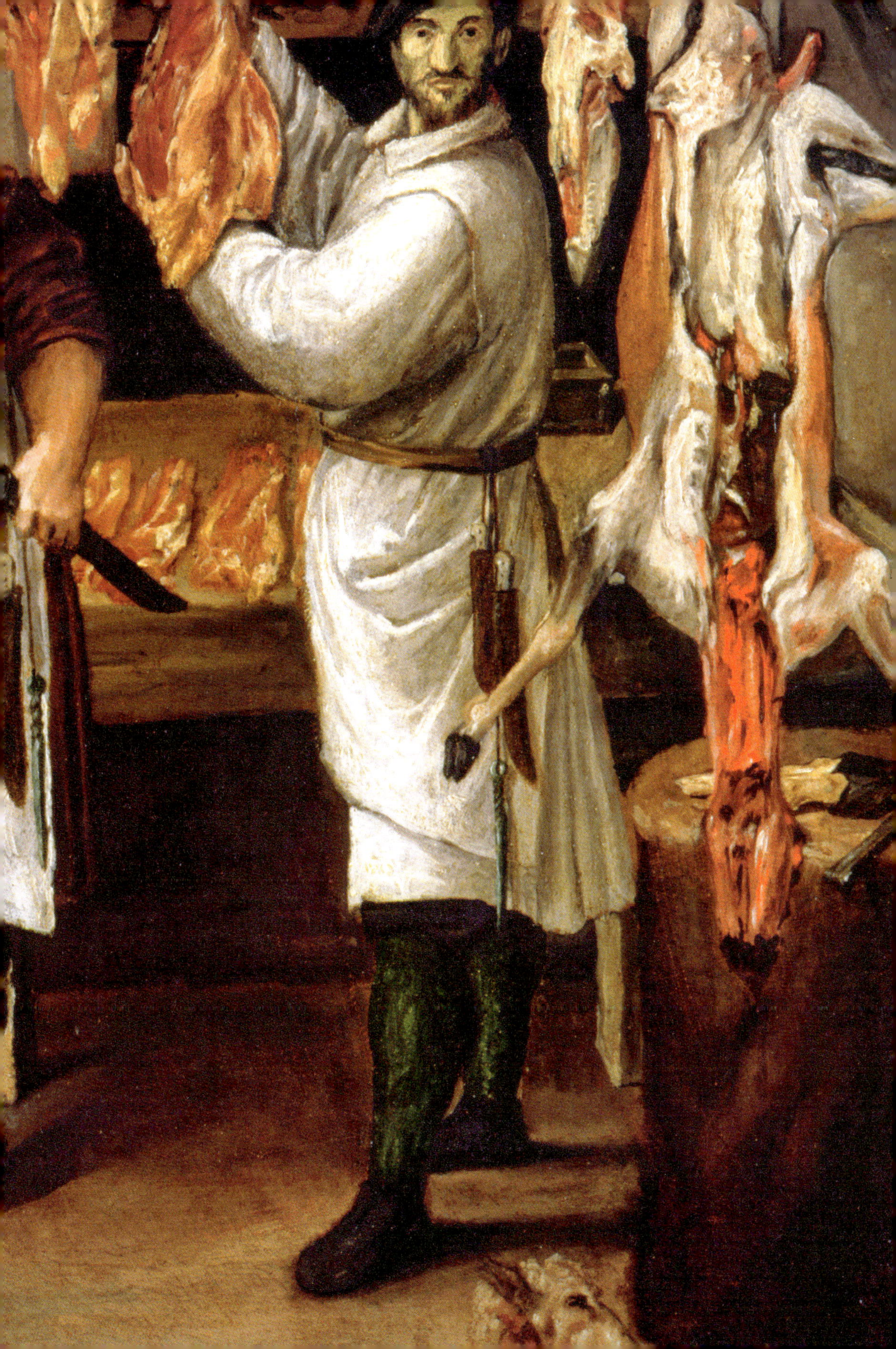

恋人
爱情与新酒

在路易十五治下，绘画朝洛可可（Rococo）美学探索推进，艺术作品更加关注私人生活和情爱场景。让-马克·纳蒂埃（Jean-Marc Nattier）是备受赞誉的宫廷肖像画家，但他的创作也会毫不犹豫地展示迷人的风俗场景。

画家乐于向我们描绘乡间自然中一对欢愉，甚至有点放纵的情侣。就像我们欣然所见的那样，年轻女子袒胸露乳。纳蒂埃的作品通常以温柔的风格、柔和的色调和轻松的氛围著称。尽管艺术家以其画中独特的蓝色闻名——一种以他的名字命名的色调——但我们感兴趣的不是这种颜色，而是散布在这里和那里的红色：酒瓶中的酒、年轻男子的头饰，以及懒散人物的面颊。

红色传达了醉意，不仅是酒的醉意，也是爱的醉意。我们完全可以想象，如果年轻女子允许自己穿一件暴露的衣服，那是因为这个场景即将发生改变。她握着男子的手，男子同样衣冠不整。他向她倾倒，但她并没有忘记自己的酒杯，她用另一只手将酒杯递出，而她的情人正准备将之斟满。这当然是爱，但首先是陶醉。

人们不禁想知道，在我们这两位兴奋的恋人心中发生了什么：他们是否害羞到需要这杯令人宽慰的酒才敢讲述彼此心中的秘密？他们是否有好消息要庆祝？还是他们只是愉快地享受这个远离众人目光和世俗规则的偷来的时刻？酒瓶几乎空了，粉色占据了他们的脸颊，他们宽衣解带……

红宝石色的葡萄酒

从中世纪开始，人们才逐渐以今天所熟知的方式消费葡萄酒（不再加入草药、香料或水）。从14世纪开始，红葡萄酒逐渐兴起，加入原本更受喜爱的玫瑰粉葡萄酒和白葡萄酒的行列。据说亚维农教廷对红葡萄酒的流行起到了促进作用。到了17世纪，葡萄酒瓶才开始出现。

更多参考
画中的红酒

- 1562—1563　委罗内塞《迦拿的婚礼》
- 1596　卡拉瓦乔《酒神》
- 1862—1863　克劳德·莫奈《有酒瓶和水瓶的静物》
- 1876　古斯塔夫·卡耶博特《午餐》
- 1880—1881　皮埃尔·奥古斯特·雷诺阿《划船者的午餐》

你好，春天来了！ 她是温柔的天使！
你不知道我为什么喝醉吗？

——阿蒂尔·兰波（Arthur Rimbaud）

《恋人》
让-马克·纳蒂埃
1744
布面油画，58 cm×74 cm
老绘画陈列馆，慕尼黑

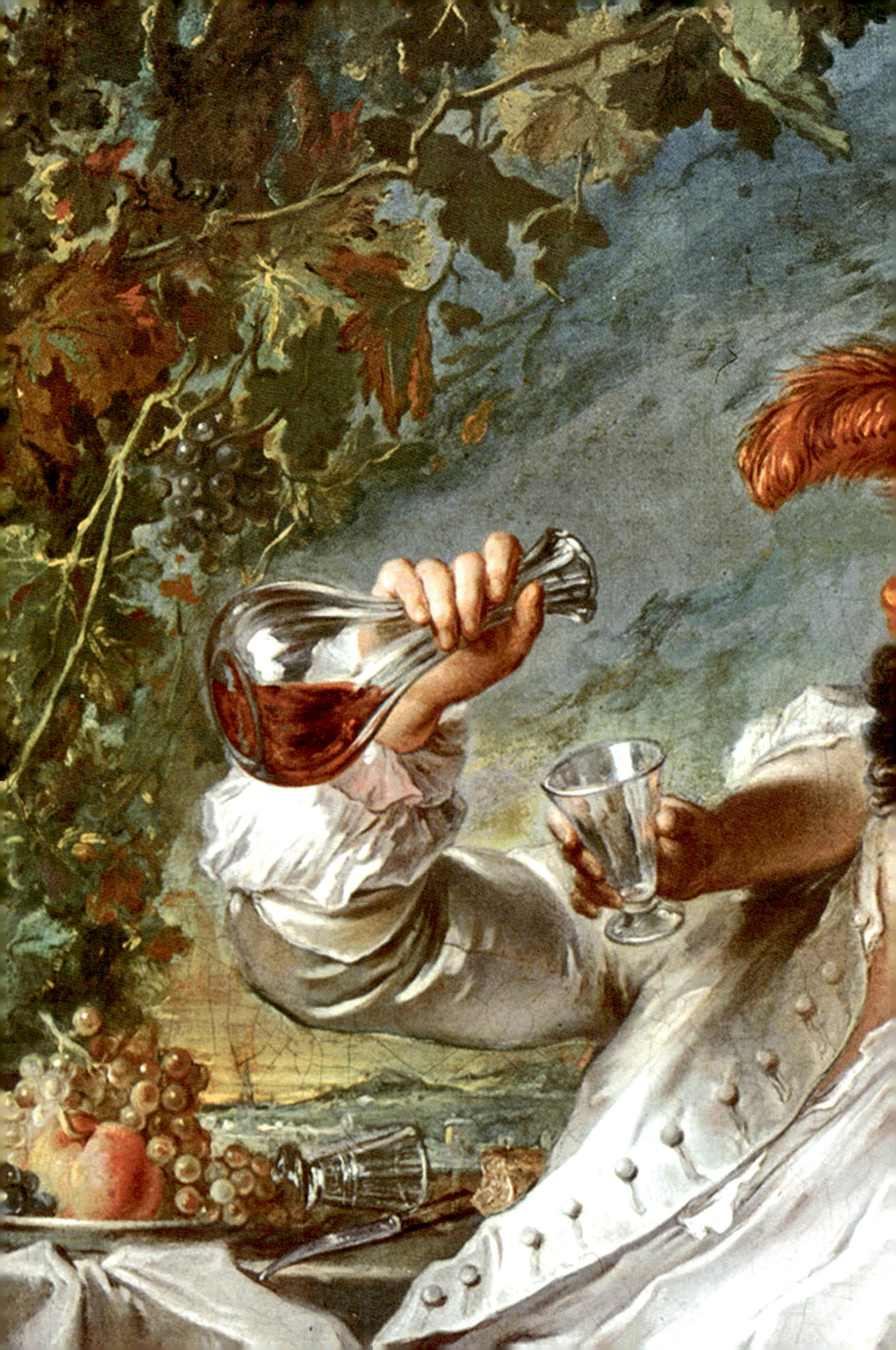

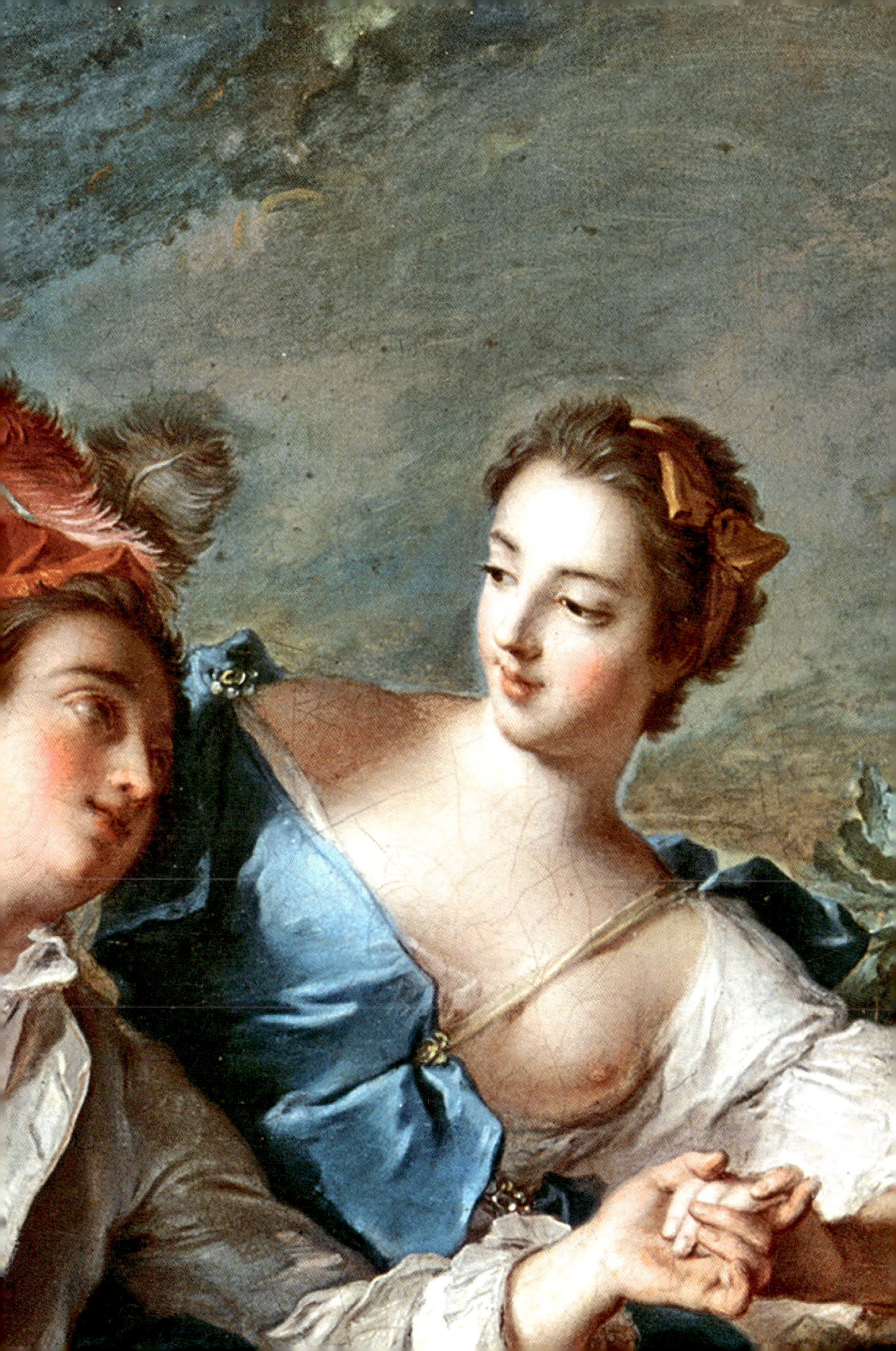

鼻烟壶

我有好烟

> **一点耐心**
>
> 在黄铜或抛光的木质底座上施加漆料雕刻，工匠必须先反复涂抹覆盖数十层来自漆树科灌木的树脂，并等待其干燥后再进行雕刻。完成这样的装饰，往往需要6到8个月的时间。

> **吸食方法**
>
> 烟盒的塞子通常会装配一个象牙制的细长小铲，用于在吸食前将烟粉放置在拇指指甲上。在欧洲，人们更喜欢用烟盒，它是个小盒子，可以直接用手指从中捏取烟粉。中国人觉得这种方法会弄湿烟粉，于是选择用一个带小勺的瓶子。

鼻烟于17世纪出现在中国，它通常被保存在小药瓶式的鼻烟壶里。这种鼻烟主要供给上层人士消费，普通人则吸烟草。作为身份的象征，鼻烟壶成为用最奢华的材料制作的精致装饰物。

我们的鼻烟壶以红色漆雕制作。正反两面雕刻了极为细致的图案，人物的行动被围绕在精雕细琢的山脉和植被的风景中，这一切又被安置在有几何图案的底纹之上。艺术家让图案在整个鼻烟壶的表面展现深度与立体的效果。

雕漆出现于7世纪左右的中国，在清代变得非常流行，以至于专门设立了一个皇家工坊。我们面前的鼻烟壶就是这种精致出品的案例。

红漆又被称为"北京漆"，制作它的树脂，在被雕刻之前要用一种叫朱砂的矿物质颜料浸染。鼻烟壶的制作选择这种颜色毫不奇怪，因为在中国，红色承载着幸福和权力的象征意义。与其他地方一样，它是权力的寓言，也适用于希望巩固权威的皇帝。

此外，自史前时代开始，红色通过血和火将原始存在的本质揭示出来。中国的葬礼仪式往往将鲜红血液与灵魂联系在一起，而火则通过烹饪我们生存所需要的食物、取暖或驱赶凶猛的野兽，成为最高形式的保护。因此，红色物品被认为蕴含着力量与生机，可以驱散邪灵，带来好运、忠诚和幸福。烟粉被保存在这里是绝对安全的！

▶ 《鼻烟壶》

18世纪
漆雕，6.4 cm×8.3 cm
大都会艺术博物馆，纽约

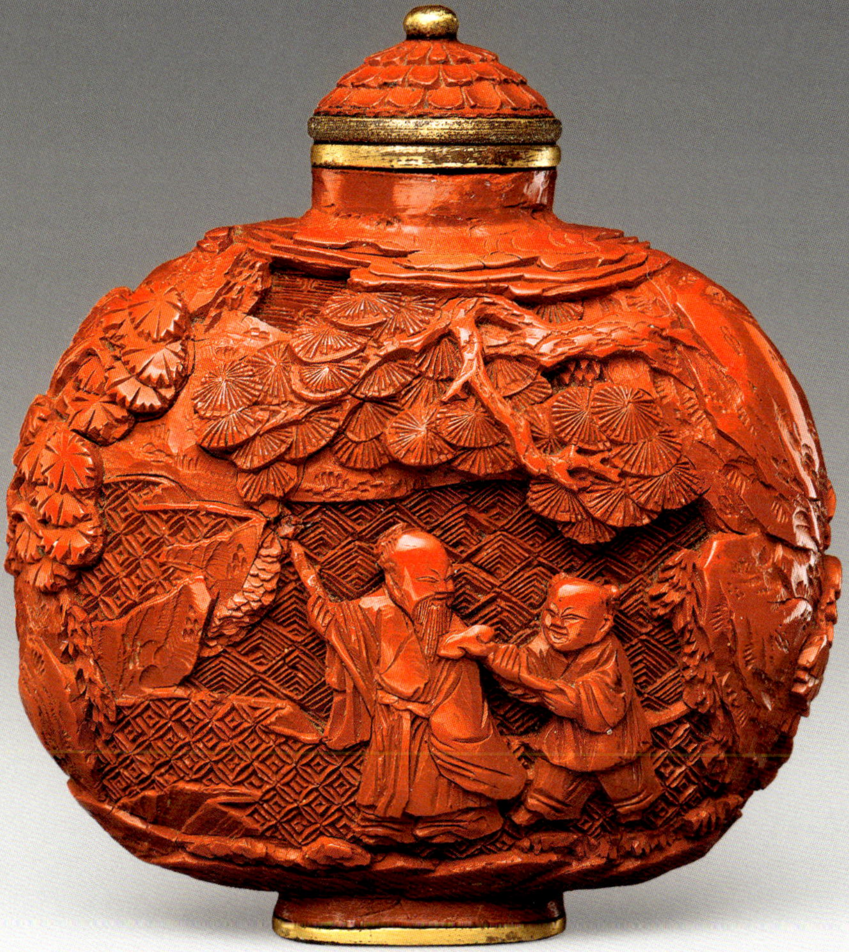

野草莓篮

草莓之味

让·西梅翁·夏尔丹（Jean Siméon Chardin）以"表现动物和水果的才能"成为皇家绘画与雕塑学院的画家时，静物画仍被认为是一种较低级的绘画题材。这一局面将因他而改变，夏尔丹赋予静物画一种持久的崇高声望，他的画也激发了后来许多印象派画家的灵感。

在夏尔丹的画中，没有花哨的东西，只需要以最简单的方式来表现静物主题，即使画中的事物像一篮子草莓或一杯水一样平淡无奇。因为在他的画笔之下，没有什么是微不足道的。这难道不是在提醒我们，生命中简单乐趣的重要吗？

一个柳条篮子被摆放在一个木架上，也许是块隔板，或者餐桌的边缘，精确熟练地堆满了草莓，呈现在我们的视野中。再加上一个装着水的玻璃杯，两朵白色康乃馨，两颗樱桃和一颗饱满的杏。夏尔丹用昏暗的色调统一了桌面和背景，以便更好地捕捉落在花朵和水果上的光线。玻璃杯也被用来展现一种反射的情景：这里和那里，我们能看到两点淘气的红色。

不得不承认，这幅画的确诱人馋涎。引得人想要咬一口那颗杏；或者让人无视草莓堆叠起来的金字塔造型，忘记本该的崇敬，去挑拣几个甜甜嘴巴；对于那些更贪婪一点的，直接抓上一把，即使弄脏了手指也无所谓。一切都弥漫着夏日的暖意和温情，虽然夏尔丹既没有向我们展示阳光，也没有展示蓝天，但有这些水果已然足够了。在夏日炎炎的慵懒中，画家邀请观看者，打破常规，即使是在如此宁静的构图前，纵情饕餮，为所欲为。画家成功地化速朽为永恒，他的野草莓篮牵动着我们每个人内心深处的记忆。

草莓的诱惑

野草莓自史前时代以来就繁茂地生长在欧洲，直到中世纪才开始被人工栽培。1714年，一种更加肥硕且品相鲜红的品种从智利被引入法国，成为后来著名的普鲁加斯泰勒（Plougastel）草莓。

更多参考

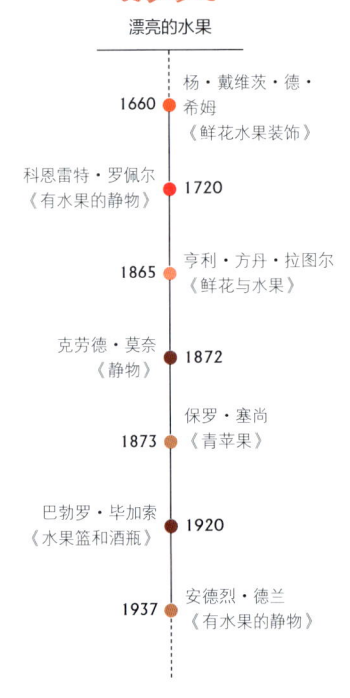

漂亮的水果

- 1660　杨·戴维茨·德·希姆《鲜花水果装饰》
- 1720　科恩雷特·罗佩尔《有水果的静物》
- 1865　亨利·方丹-拉图尔《鲜花与水果》
- 1872　克劳德·莫奈《静物》
- 1873　保罗·塞尚《青苹果》
- 1920　巴勃罗·毕加索《水果篮和酒瓶》
- 1937　安德烈·德兰《有水果的静物》

▶《野草莓篮》
让·西梅翁·夏尔丹
1761
布面油画，38 cm × 46 cm
卢浮宫，巴黎

画中的一切看起来如此美好，那是因为夏尔丹在绘画过程中发现了这种美；而之所以夏尔丹会在绘画过程中发现这种美，是因为他发现了这东西在现实中的美。

——马塞尔·普鲁斯特（Marcel Proust）

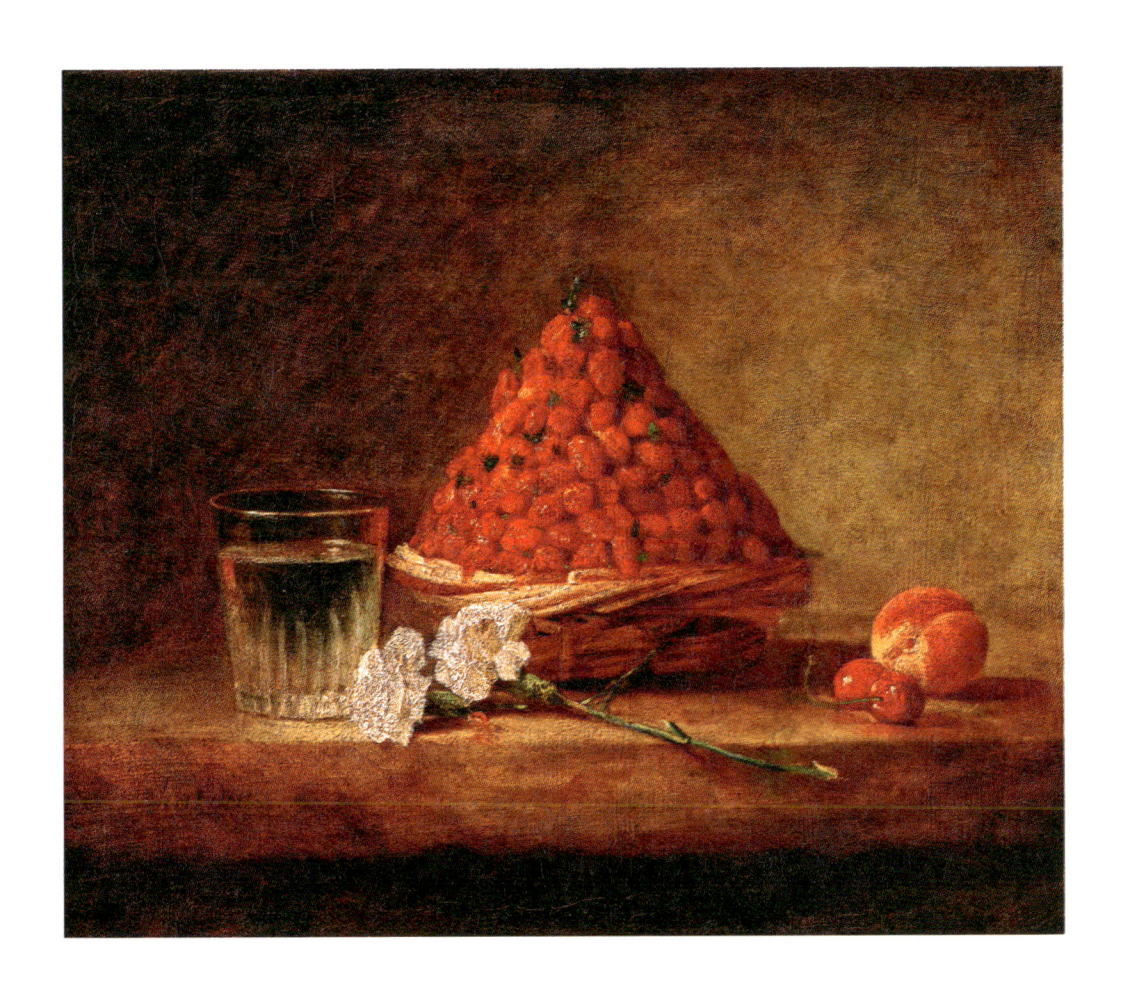

译者注

《野草莓篮》曾在1761年巴黎的沙龙中展出，之后一直被私人收藏，直到2022年出现在拍卖市场上，被一个纽约画商出资2400万欧元购入。之后法国政府将其列为"国家遗产"，卢浮宫有了优先收购权。博物馆因此发起众筹，于2024年筹齐购画款项（政府出资600万欧元，企业出资1700万欧元，10000个独立捐赠者合计160万欧元），将此画收入馆藏。这是卢浮宫历史上极为成功的筹款之一。

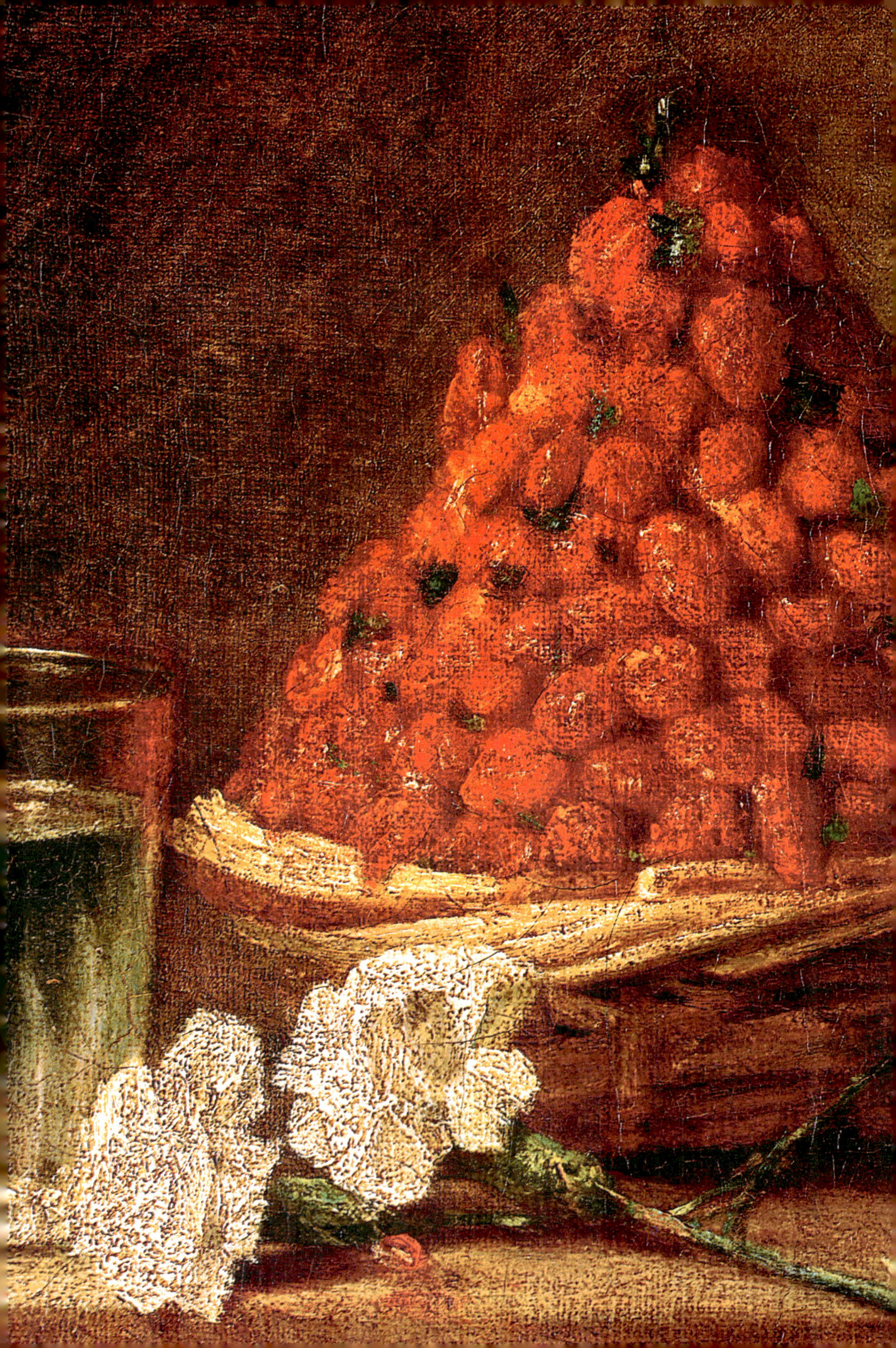

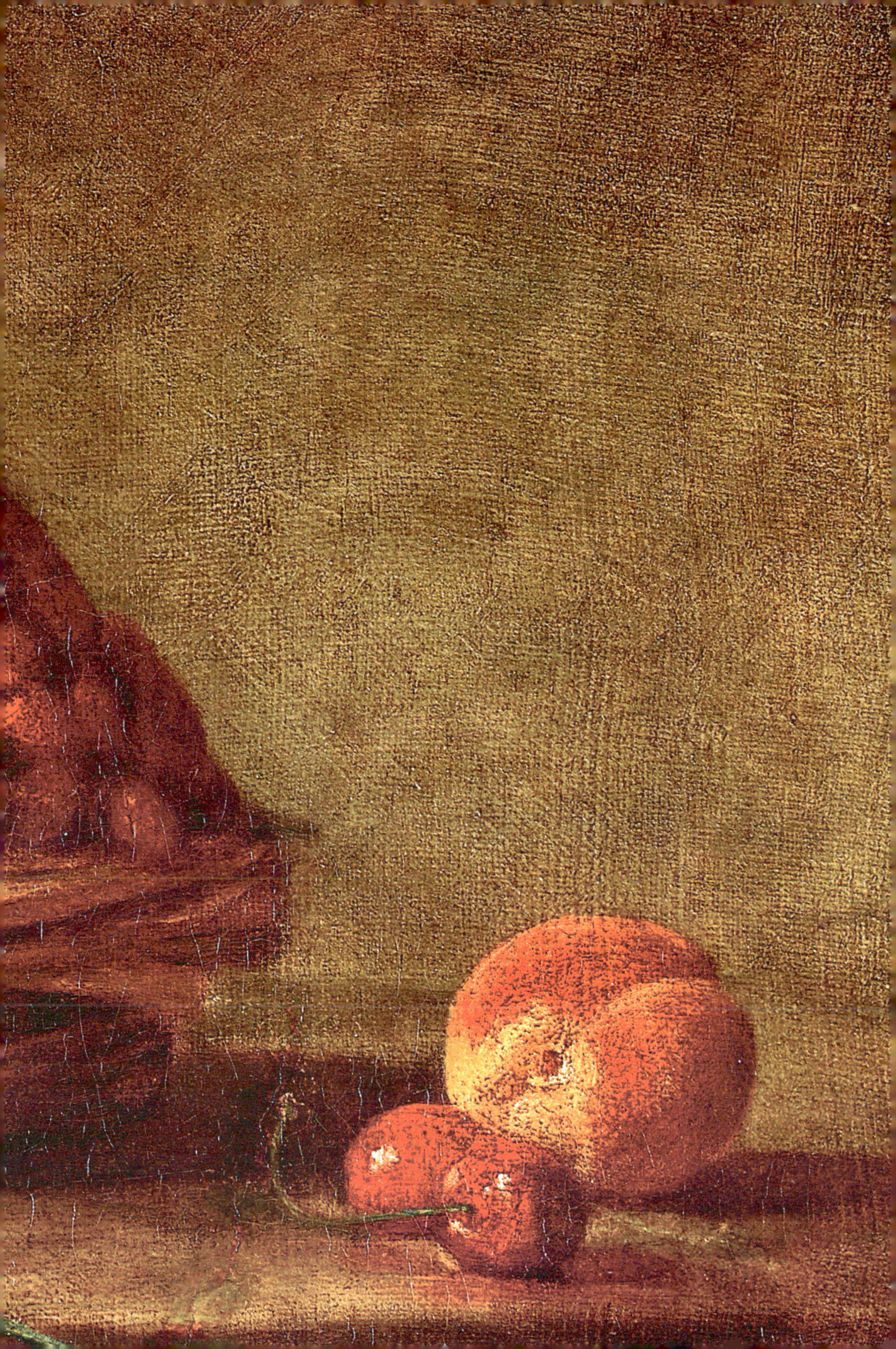

自画像

画家思想者

画家约书亚·雷诺兹（Joshua Reynolds）一生创作了大约30幅自画像。这并非因为自恋，他的目的主要是通过自画像创作来探索伦勃朗的作品，以便接近这位他所钦佩的艺术家。

雷诺兹创作这幅《自画像》时，他的身份是英国皇家艺术学院的首任院长，这是一所1768年在伦敦成立的机构，旨在教授和推广艺术。那时，雷诺兹是英格兰著名的艺术家之一，他的讲座也是最受欢迎的。于是在这里，画家将自己描绘成一位备受尊敬和仰慕的人物。他将自己置身于所在时代的文化和知识分子圈子，从而思考和构建一个自己的形象与身份。

他从伦勃朗那里借鉴了构图和技巧，奇怪的是，他甚至将荷兰艺术家的相貌特征也借鉴过来，把其融入自己的形象当中。从这里我们可以认出，那取自他导师的光影交错的画法，那些落在脸上、手上、衬衣上，甚至在衣服的褶皱上的明亮笔触。伦勃朗的《欣赏荷马半身像的亚里士多德》，似乎直接启发了这位英国画家。这个参照暗中强化了他将自己的形象知识分子化的愿望，将自己与古代哲人联系在一起。画中的雷诺兹身边同样陪伴着一尊古老的半身像，再现的是米开朗琪罗，他所钟爱的另一个艺术家。画家手中紧攥着几页纸，也许是在暗示他《关于艺术的演讲》，暗示他的那些引以为傲的理论。最后，甚至袍子的大红色也参与了他的雄心，因为他穿着的是牛津大学于1773年授予他的博士袍。

雷诺兹向我们揭示的并非一幅私密的肖像画，而是他的社会地位，一个明显需要被承认的社会地位。他不停地向学生讲述模仿大师的重要性，在这里，他以一种确信的姿态演示着他的方法，他知道自己可以置身于这个传承的行列。

高级庇护

据推测，这幅肖像最初就是为了悬挂在皇家艺术学院而创作的，与学院的建筑师威廉·钱伯斯（William Chambers）的肖像并峙。雷诺兹当时还为国王乔治三世和王后夏洛特分别绘制了肖像，两人是艺术学院的赞助人。然而，迄今为止，我们仍然不知道这四幅肖像进入学院收藏的具体日期。

无尽的钦佩

在《关于艺术的演讲》中，雷诺兹将米开朗琪罗称为"绘画界的荷马"。他将自己的讲座汇编整理成书，以下面这句话收尾："我希望我在这所学院讲座所说的最后一句话是'米开朗琪罗'。"

▶ 《自画像》

约书亚·雷诺兹
1780
布面油画，127 cm × 101.6 cm
皇家艺术学院，伦敦

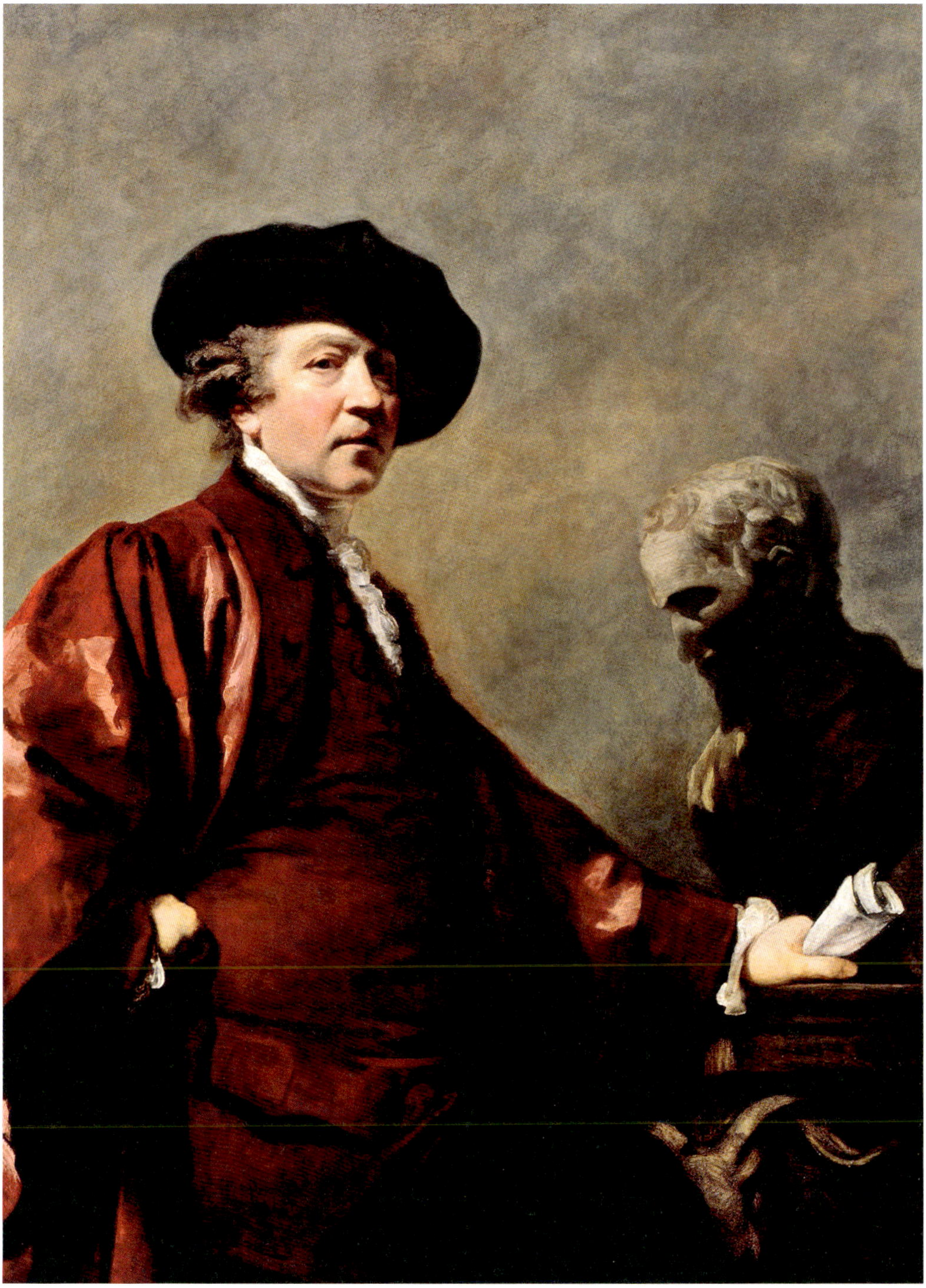

阅读者

热爱红发女子的男人

在让-雅克·亨纳（Jean-Jacques Henner）的作品中，人们记忆犹新的往往是那些红头发的模特，她们打破了长久以来对于红头发的负面迷信，这敌意始于古代的怪物神灵，或是中世纪被排斥的女巫。然而对于画家来说，红发是与众不同和感性的象征。

在让-雅克·亨纳的作品中，红发女子常常呈现慵懒消沉的姿态，裸露的身体显得极度苍白。通过选择温暖的橙色色调，亨纳将他笔下年轻的阅读者沉浸到一种既热烈又宁静的光晕里。少女的裸体鬼魅般地从一种忧郁的氛围中浮现出来，她沉醉在自己的阅读之中，与世隔绝，心不在焉，白日梦般出神。背景的空无突出了年轻女子的冥想状态，画面唯一的装饰就是那一头光环似的红发，以及由头发延伸出去的弥漫的雾气。当这股红色的迷雾落到阅读女子腹部的凹陷处时，我们会说画家将他画作中的情色意味推向了情感的顶峰。

一直以来，红发既引人迷恋又招人嫌恶。在这里，它让人痴迷且如同触手一样向四周蔓延。它是作品叙述性的关键，引导我们去定义所有那些与它色调相关的神话：致命的女人、勾引者、冰下的火焰，或者更确切地说，在这里是冰上的火焰。是红色在讲述故事，并且决定着观看者对这幅画的共同认知。我们告诉自己画中的并非一个简单的女人，而是一个红发女郎。

然而，这更像是一种现代画家的方法，亨纳将红发视为一种简单的颜色，一种可以温暖古典绘画中阴暗裸体的赤红色调。他明白简单的颜色如何讲述美丽的故事，红头发诉说着那些神秘和超自然之事，女性在这里成为引人瞩目的辉煌存在。

红色的火焰

在诗人纪尧姆·阿波利奈尔（Guillaume Apollinaire）的笔下，有一首对红头发的赞美诗《美丽的红发》：

"她有一副迷人的外貌 / 可爱的红发女郎 / 她的头发金子般闪烁 / 好像一道持续的闪电 / 或者是在凋谢的茶味玫瑰中 / 炫耀的火焰。"

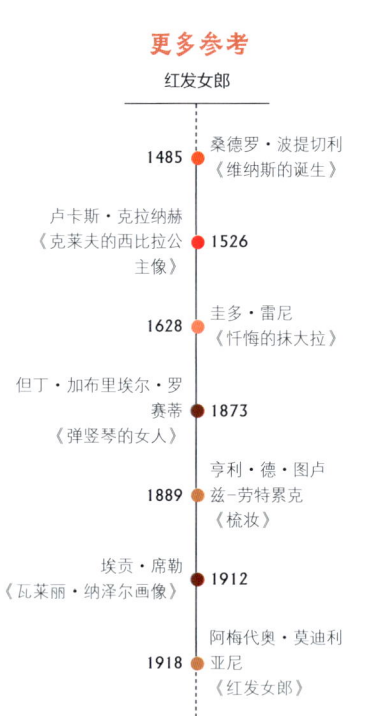

更多参考

红发女郎

- 1485 桑德罗·波提切利《维纳斯的诞生》
- 1526 卢卡斯·克拉纳赫《克莱夫的西比拉公主像》
- 1628 圭多·雷尼《忏悔的抹大拉》
- 1873 但丁·加布里埃尔·罗塞蒂《弹竖琴的女人》
- 1889 亨利·德·图卢兹-劳特累克《梳妆》
- 1912 埃贡·席勒《瓦莱丽·纳泽尔画像》
- 1918 阿梅代奥·莫迪利亚尼《红发女郎》

我不在乎读到这样的描写，比如沙滩上炙热的沙，我想让我赤裸的脚感受到它。

——安德烈·纪德（André Gide）

《阅读者》
让-雅克·亨纳
1880—1890
布面油画，94 cm×123 cm
奥赛美术馆，巴黎

玛丽·德·埃里迪亚的肖像
花季少女

玛丽·德·埃里迪亚是诗人、法兰西学院院士何塞·玛利亚·德·埃里迪亚的女儿,从小围绕在她身边的就是那些"美好时代"(Belle Époque)的大文豪和艺术家。她自己后来也成为一位作家,并因与诗人皮埃尔·卢伊(Pierre Louÿs)的炽烈情感纠葛而命运多舛。

此刻的玛丽·德·埃里迪亚还只是一位青春少女。当埃米尔·莱维(Émile Lévy)用色粉为她绘制肖像时,她只有12岁。但我们发现,她显然处于两个年龄阶段之间,既不再是孩子,也称不上女人。她散发着那些摇摆不定的气质:看上去聪明乖巧,却穿着一条红如火焰的裙子。也许艺术家真正理解了这个年轻女孩内心的想法,她迫不及待地渴望成长,摆脱家庭的桎梏,以及建立自我肯定。

然而,她并没有向我们透露任何她的青春期困扰,她坐得端正,双手合拢,姿态稳重,几乎有点害羞。她将目光移向一边,观看者也许会希望与她那双黑色的眼睛对视。但的确有个令人困惑的细节:她微微闭合绷紧的嘴唇。这神情让我们想起那些受到惩罚被要求保持沉默的儿童,或者那些嘴巴边缘常含着热辣言辞的孩子,但由于害怕说错话而有所收敛。或者她只是在思考,甚至有点无聊,在她年幼的头脑中,正编织着成千上万的故事来消磨时间。

尤其值得注意的是这条鲜红的长裙,这通常并不是小女孩穿着的颜色。不,这种虞美人红属于年轻女性。在玛丽·德·埃里迪亚成长的社会和时代,一个女孩要16岁左右才开始步入成人世界。然而,她似乎已经准备好了,她的裙子紧紧裹着腰部,呈现时髦的轮廓。埃米尔·莱维通过将小女孩置于一个色调温和、装饰着精致花朵的壁纸前面,稍稍淡化了一些她的青春冲动。

红装新娘

从中世纪开始,在婚礼上新娘通常穿着红色。其重要的原因,是茜草染料在当时最为便宜且色泽持久。但即使是同一种颜色,也有着不同色调的区分。那些穿戴鲜艳浓烈红色的女性显然更为富有;另一些女性则朴素得多,她们只能消费暗淡的红色。

女诗人

在《女性的孤独》中,玛丽·德·雷涅,即玛丽·德·埃里迪亚结婚后的名字,写道:"你害怕吗?你在这里与寂静为伴 / 没有一丝风声……没有一点脚步声……没有话语嘈杂,也没有一丝响动…… / 就像一朵花那样独自一人,没有风摇曳 / 你的芬芳、你的梦想和夜晚相伴。"

▶ 《玛丽·德·埃里迪亚的肖像》
埃米尔·莱维
1887
纸本色粉,118.5 cm×86 cm
奥赛美术馆,巴黎

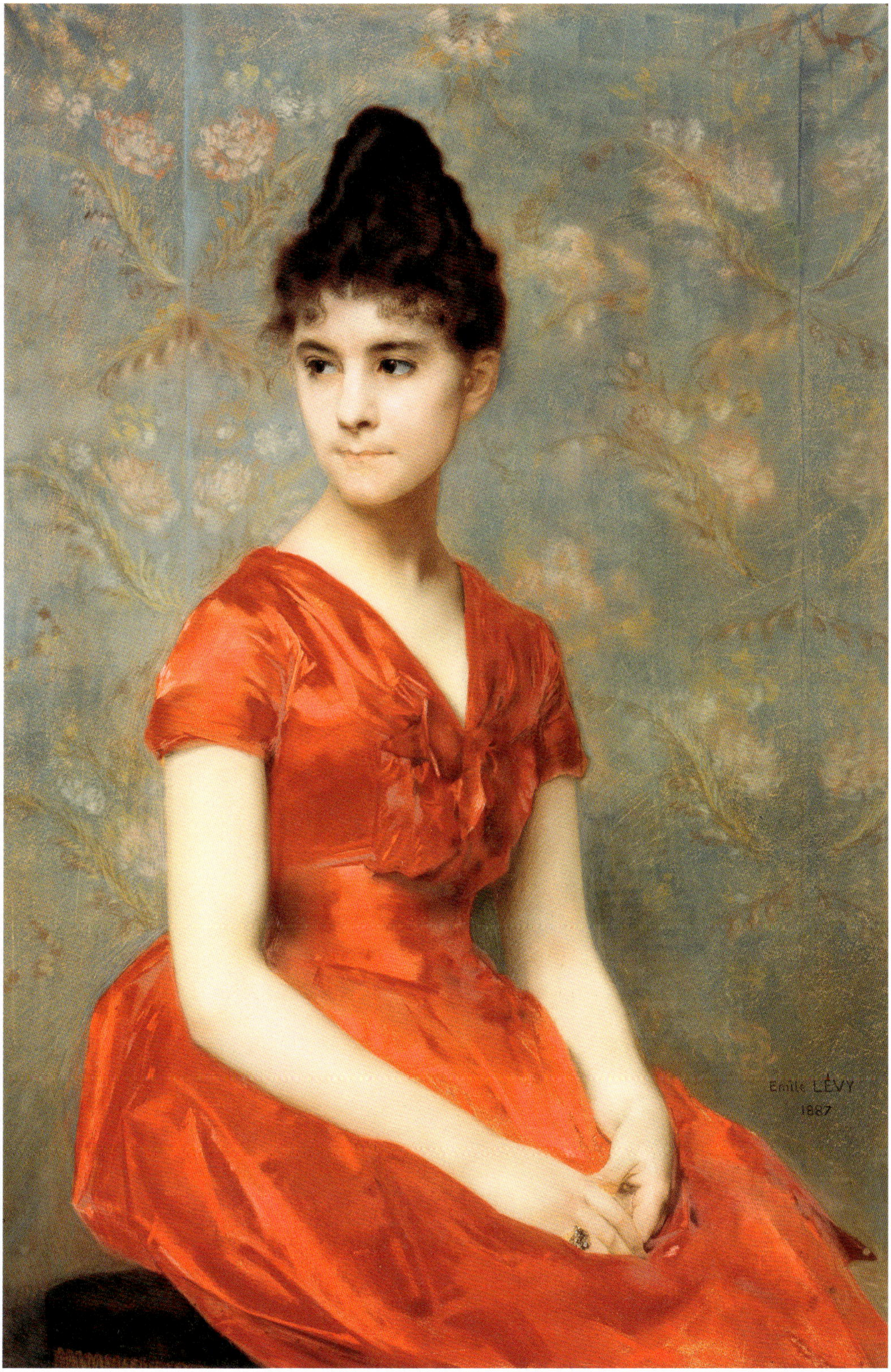
Emile LÉVY
1887

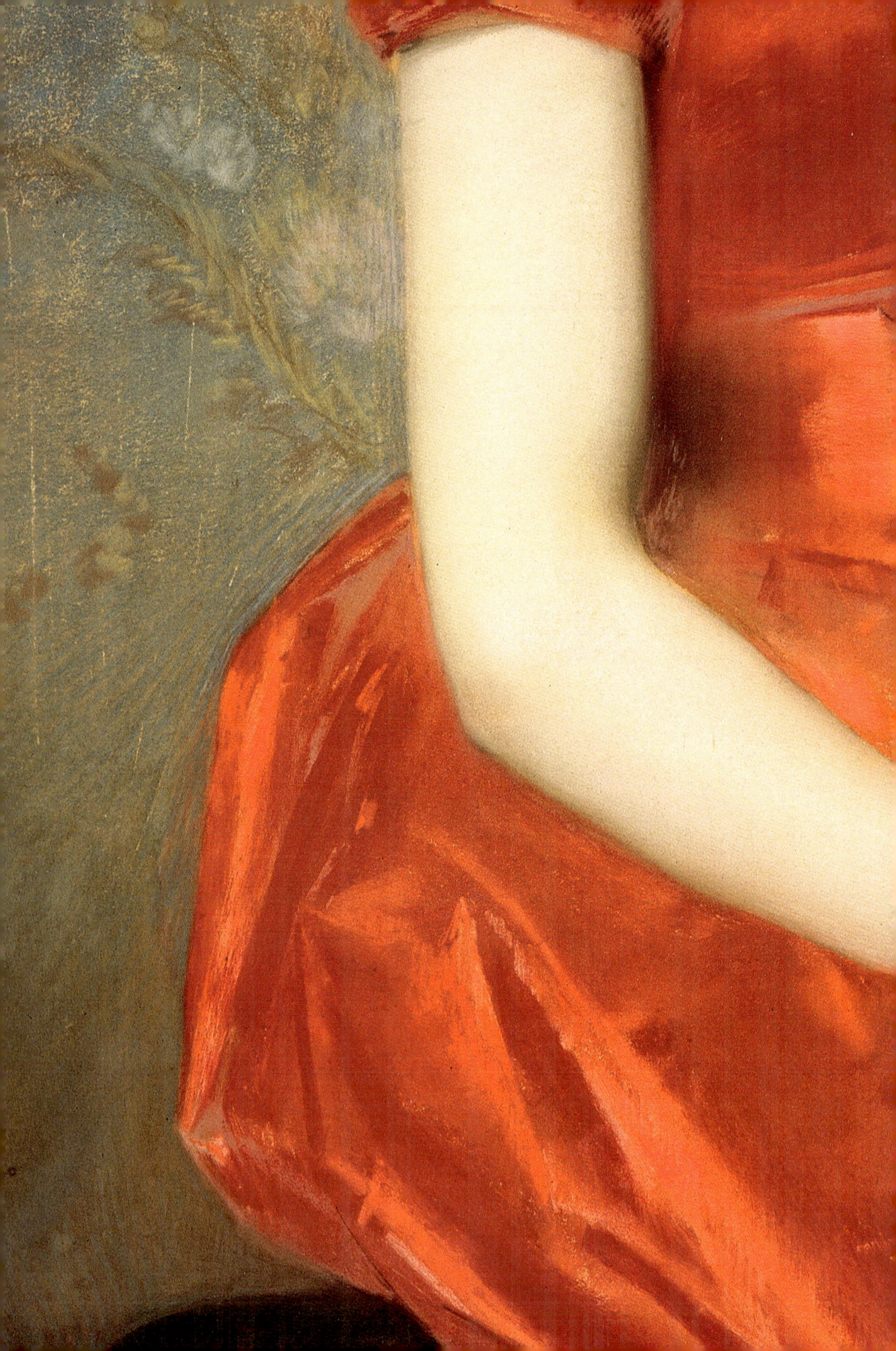

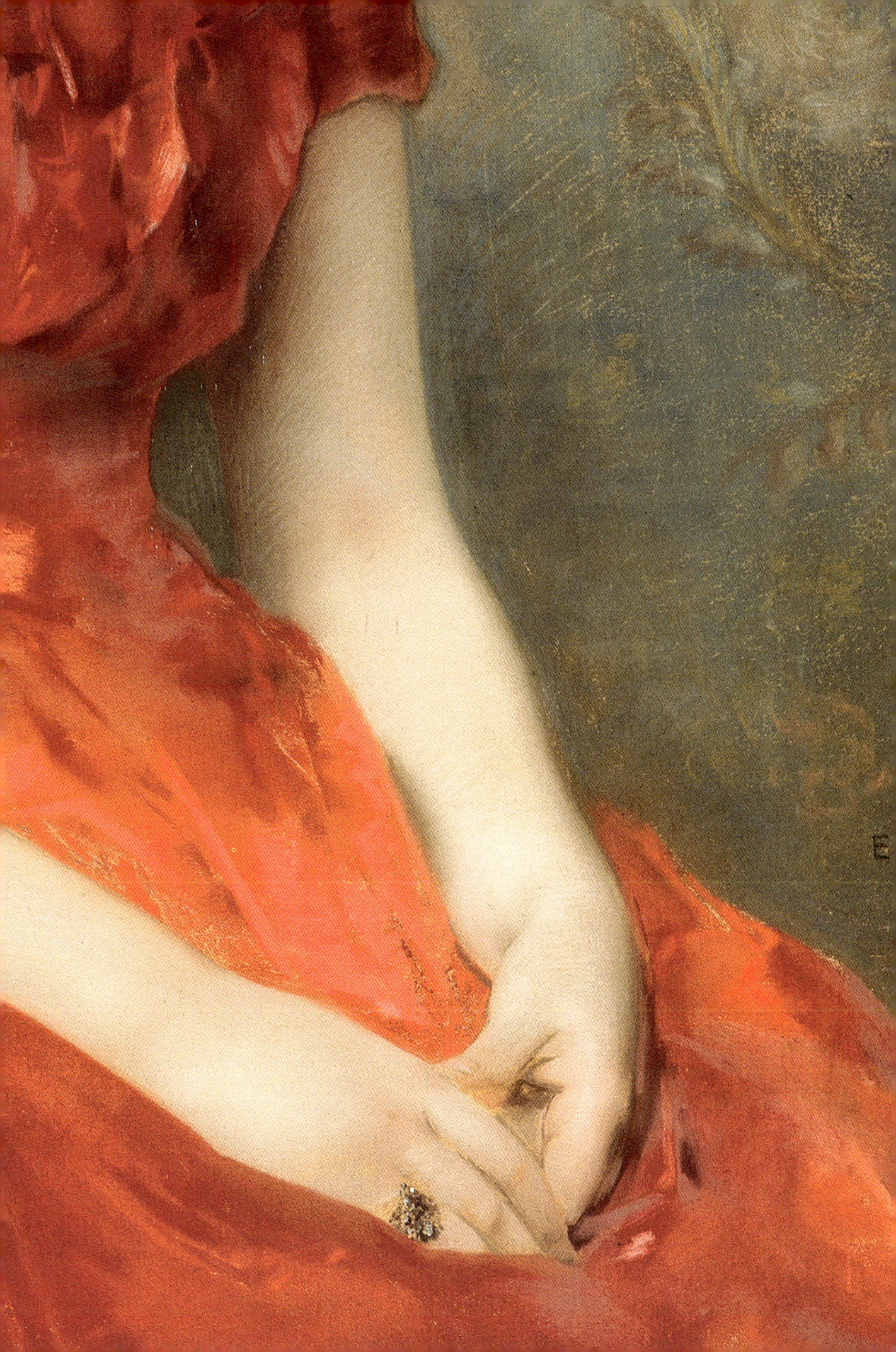

埃德加·斯特恩夫人的肖像
优雅的夜游者

在法国第三共和国时期，卡罗勒斯-杜兰（Carolus-Duran）是上流社会推崇备至的肖像画家。他以那些看起来毫不逊色于君主画像的庄重肖像画而著名。尤其是他画中的女性，都显得高傲而神秘。

身穿红裙的女人是玛格丽特·富尔德，银行家和收藏家埃德加·斯特恩的妻子。她通常在社交界的最高层游走，在画中她尝试通过一些放肆的举止让我们知道这一点。

这是正面姿态再现的一个体面的模特，年轻女士炫耀着来自资产阶级社会的所有惯例：奢华的毛皮大衣、精致的珠宝、勒紧腰身以突出胸部的时髦身材、乳白色的皮肤，和那些不必工作的人所特有的肉感。她在佩戴珠宝上的谨慎朴素又多少让我们有些好奇——一个戒指、一枚别在袒露衣领处的胸针和发髻上月牙状的头饰——仿佛在用一种直白的方式告诉我们，她无须过多修饰就能够脱颖而出。

显然，我们也不能忽视那红色妆容与红鞋子间相互呼应的搭配。这撩人的红色暗示着对权力的影射。卡罗勒斯-杜兰是否想要提醒我们，如今的世界，高级银行家已然代替了君主的角色？除此之外，红色并没有局限于人物身上，它甚至侵入整个画面背景深处。画家调用了一种剧场感十足的氛围来烘托这位女士象征性的展示。对过去王室的暗示并未止步于此，玛格丽特·富尔德头上的月牙头饰，让人联想到18世纪的那些寓意画肖像。艺术家将他的模特与女神黛安娜相提并论，黛安娜是生育女神，是黑暗中的光明，拥有至高无上权威。就这样，我们优雅的女士成了暗夜的女王，所有感性和神秘的意涵被这个形象包容在一起。

左拉说

"卡罗勒斯-杜兰是一个狡猾的家伙。他使马奈变得容易被市民阶层理解。他也是一个心灵手巧的手艺人，知道如何取悦尽可能多的人。"

诸神的象征

维纳斯：鸽子
马尔斯：头盔
阿波罗：七弦琴
朱庇特：老鹰
朱诺：孔雀
尼普顿：三叉戟
密涅瓦：猫头鹰
墨丘利：神杖

▶《埃德加·斯特恩夫人的肖像》
卡罗勒斯-杜兰
1889
布面油画，247.6 cm × 148 cm
小皇宫，巴黎

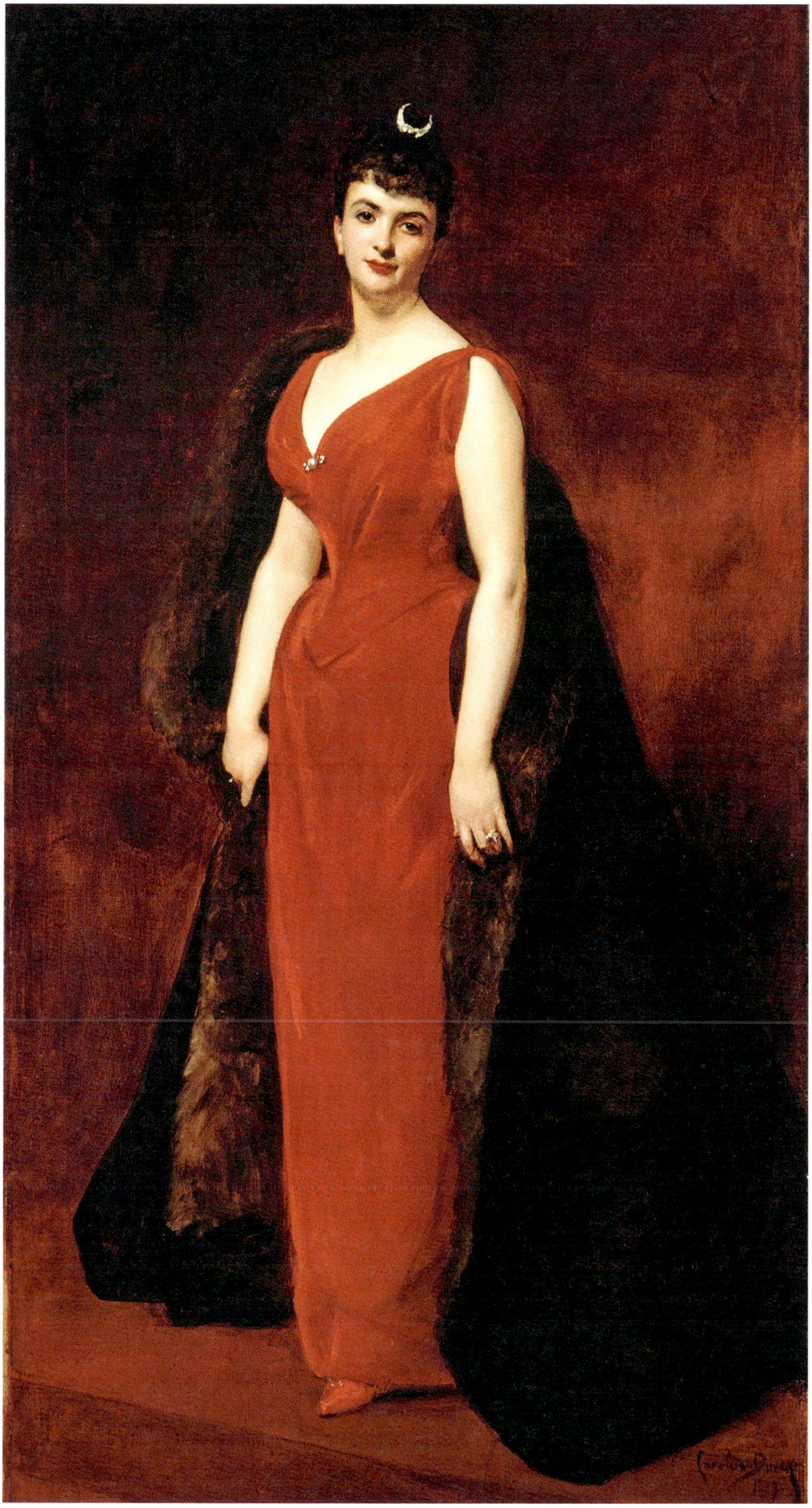

欢乐场景
醉意的狂欢

从19世纪80年代到第一次世界大战初,法国经历了一段事后被称为"美好时代"的日子。这是一个矛盾混杂的时代,既有严重的社会不公,甚嚣尘上的反犹主义,也弥漫着无忧无虑的享乐气氛。

1889年10月,一家装饰奢华的歌舞厅在巴黎开业,工人阶级和资产阶级在欢笑、醉酒和舞蹈中交融在一起。这可不是随便什么舞蹈,它是法国康康舞。红磨坊,确实具有这个名字本身所蕴含的意义,它将奋力搅动这夜的娱乐世界。

乔瓦尼·波尔蒂尼(Giovanni Boldini)很可能在歌舞厅刚刚开业不久就选择再现这一盛况。艺术家以充满活力的手法和仿佛被拽在布上的笔触,向我们展示了这个地方所有令人兴奋之处。他邀请我们进入一个人物众多的风暴旋涡,顾客、侍者、轻浮的姑娘混在一起,让人们相信一种所谓的社会博爱氛围。

在这个旋涡的中心,一对夫妇显现出来,引起了我们的注意。他们坐在一张桌子旁边,男的举起一杯酒放在嘴边,看着他脸颊泛起红润,我们几乎可以肯定这已经不是第一杯酒了。他的伴侣,或更确切地说,那个主动来到他身边的女人,向他倾倒,用戴着手套的手抓住男子的左手,将它攥在手心里。对她的职业我们心知肚明。大红的围巾和鲜红的头花更进一步强调了她不同寻常的身份,同时也与这房间背景的深红色融为一体。这是一种装饰性的红色,它吸引着我们的目光,以至于无论它出现在画中何处,都会立即引起我们的注意。不信的话,请往左边看,看到画面深处年轻女子的领结了吗?

自19世纪以来,红色一直是剧场性的色彩。就这样,波尔蒂尼带我们进入一个由生命、欢愉和情欲组成的壮观宇宙,一个令人眼花缭乱的红色磨坊。

依名而定

红磨坊的创始人约瑟夫·奥勒(Joseph Oller)和查尔斯·齐德勒(Charles Zidler),设想在他们的歌舞厅房顶加装一架红色的风车,以便歌舞厅从各条大通道上都清晰可见:这旨在吸引路人的注意,同时也让这欢庆的风车与那些正经的磨坊区别开来。选择红色并非偶然,因为它也同样象征着这个区域的放纵氛围。

更多参考

红磨坊

- 1890 亨利·德·图卢兹-劳特累克《红磨坊之舞》
- 1892 皮埃尔·博纳尔《红磨坊》
- 1901 巴勃罗·毕加索《在红磨坊(日本歌舞厅)》
- 1913 吉诺·塞维里尼《红磨坊的熊舞》
- 1954 让·雷诺阿《法国康康舞》
- 1955 雷内·格吕奥《红磨坊》
- 2001 巴兹·鲁赫曼《红磨坊》

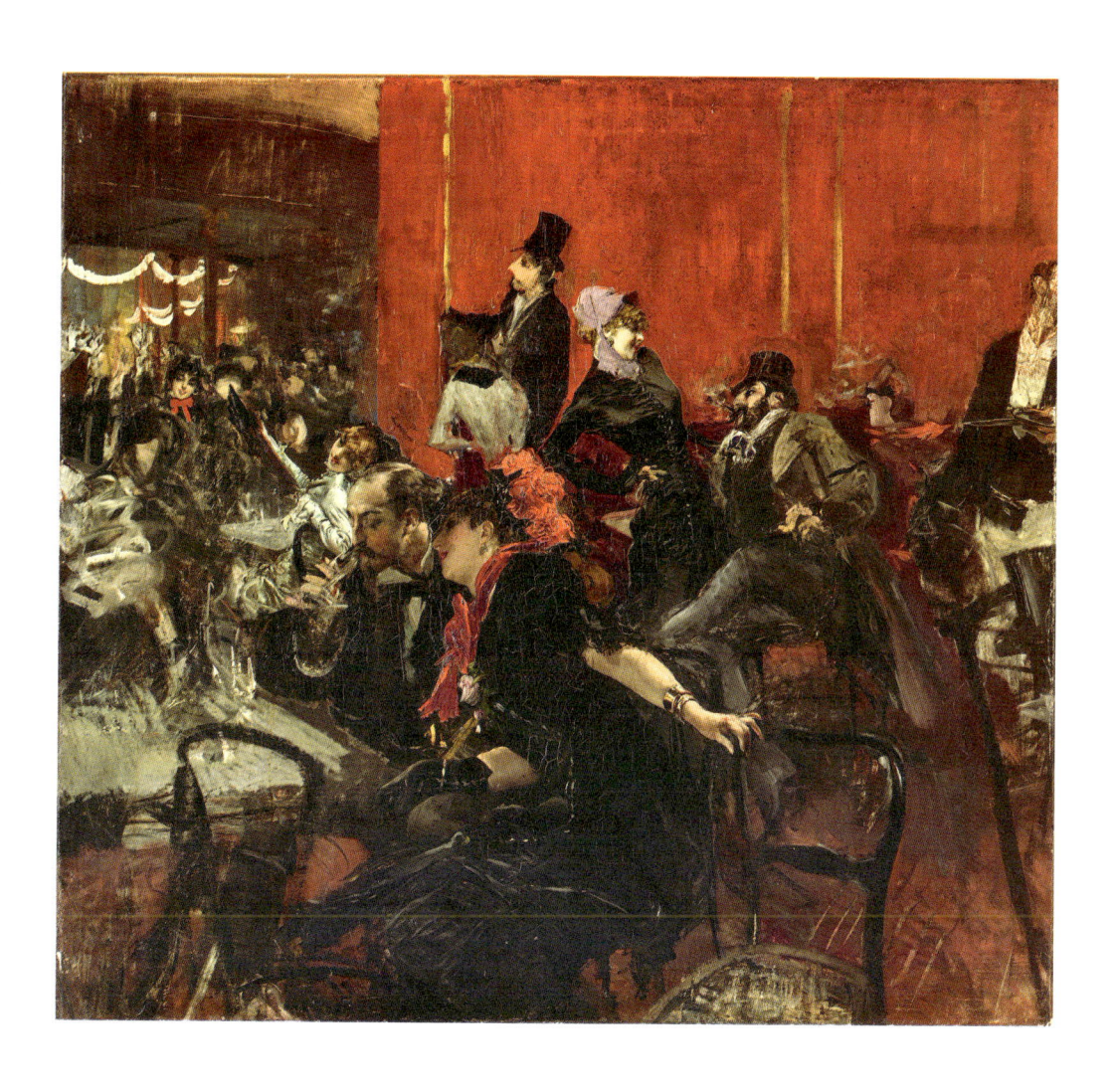

《欢乐场景》
乔瓦尼·波尔蒂尼
1889
布面油画，96.8 cm×104.7 cm
奥赛美术馆，巴黎

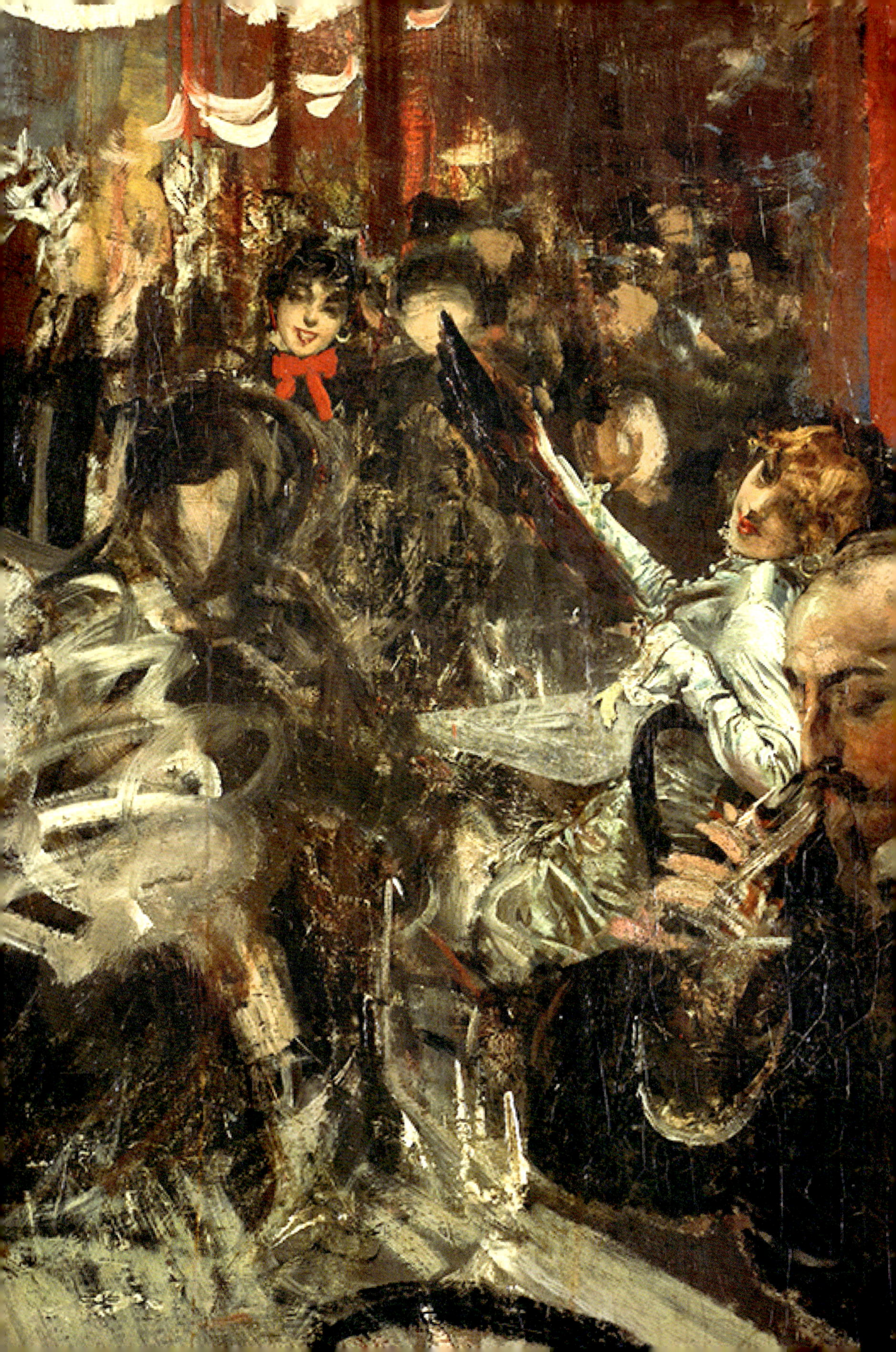

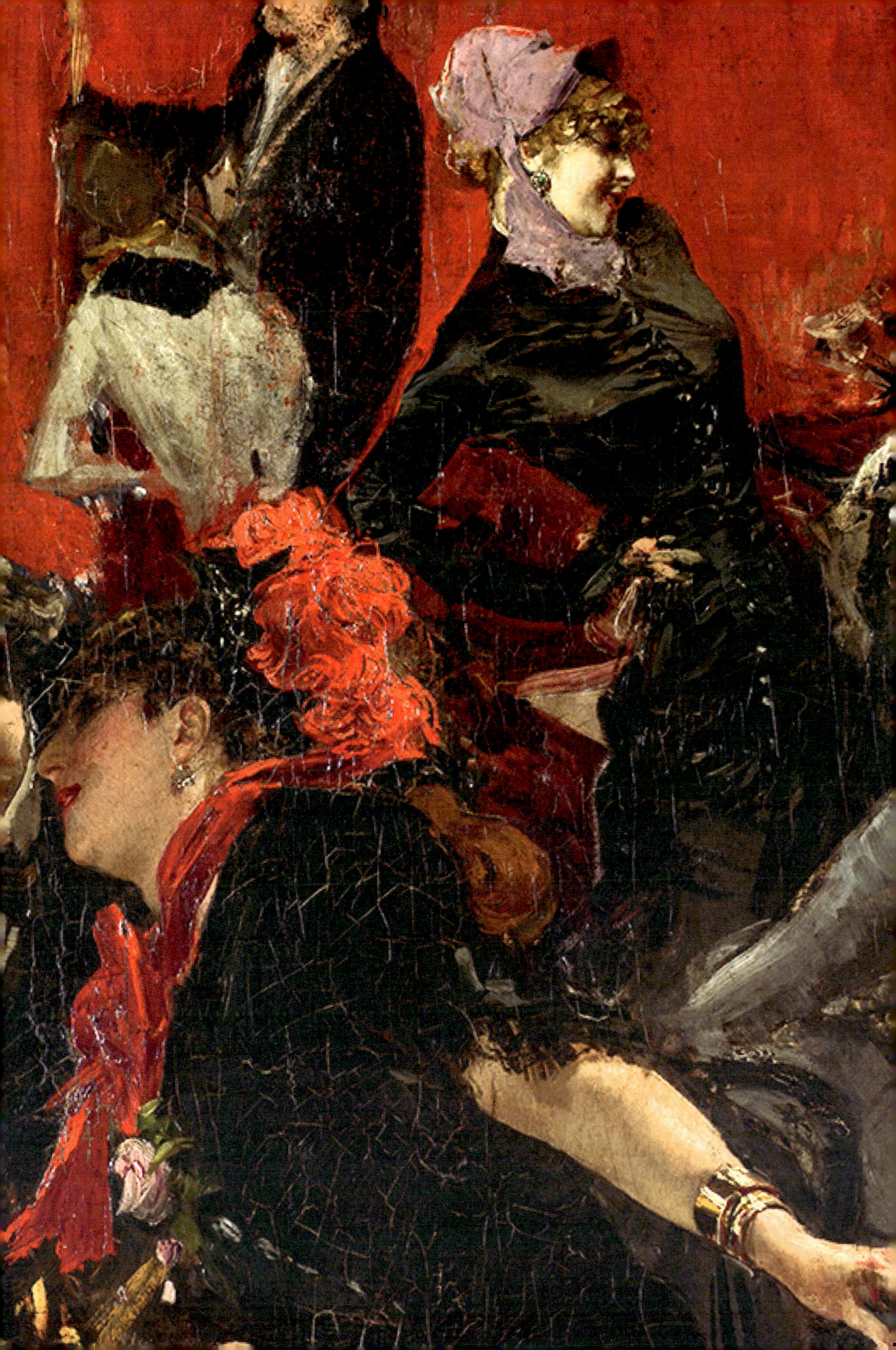

圣多安罢工

这是最后的斗争……

第一次世界大战前夕"美好时代"的法国，艺术家保尔·德朗斯（Paul Delance）将当时矛盾重重的社会景象展现出来，来自美丽街区的优雅人士与充满社会主义色彩的历史场景被放置在一起描绘。

20世纪的第一个十年，法国出现了一波罢工浪潮，大多表现为以社会和工会组织的诉求与抗争。保尔·德朗斯在画中描述了这种抗议运动，但具体事件背景不清晰。而事实上这也并不重要，因为在这幅画中，他几乎再现了整个工人阶级的抗争。

圣多安位于巴黎郊区，自19世纪80年代以来一直是社会主义运动和革命抗争的中心，这里有众多手工作坊和工厂，雇用了自工业革命以来不断增长的劳动人口。在画中，我们可以看到长长的游行队伍，右边黑压压一片，左边却明亮整洁。这是来自两个世界的人群的相遇：虔诚教众与无产阶级。二者并不相互对立，因为在当时，示威以流血告终是司空见惯的事情，面对暴力镇压他们成为一个群体。我们可以在画面中心隐约看到两辆灵车的顶篷，那可能是在骚乱中丧生的工人。在教众的队列这边，德朗斯寄托以滋养希望的阳光，而社会主义者们则集结行进在厂房滚滚黑烟之下，那是辛劳苦难的见证。

艺术家在画中创造了一个高潮，老者挥舞着朱红色的旗帜，年轻的女士抱着她的孩子。旗帜的光彩映衬着孩子和母亲的温柔。示威人群的骚动在他们面前减弱下来，这三个人将生命的三个时刻凝聚在一起——作为向神圣的过渡。德朗斯想要展示的是，这些象征图景背后存在的现实，无辜民众同样是严酷暴力制度的间接受害者。

红色旗帜

作为权力的化身，红色自中世纪以来就一直出现在旗帜上。18世纪，处决水手之前，船上会升起一面红旗，作为软弱者鲜血的象征。红旗在1768年伦敦工人罢工期间首次被用作社会性宣示。在法国，随着1871年巴黎公社的成立，红旗成为无产阶级和社会暴动的象征，与资产阶级的三色旗相对立。

更多参考

介入社会的画家：保尔·德朗斯

- 1881　国旗的回归
- 矿井的入口　1890
- 1910　朱尔·西蒙宣布第三共和国成立

▶ 《圣多安罢工》
保尔·德朗斯
约1908
布面油画，127 cm×191 cm
奥赛美术馆，巴黎

人群催生着一支黑暗的复仇大军,他们在犁沟中缓慢发芽,为未来世纪的丰收而成长,这萌芽很快就会撑裂大地。

——埃米尔·左拉(Émile Zola),《萌芽》

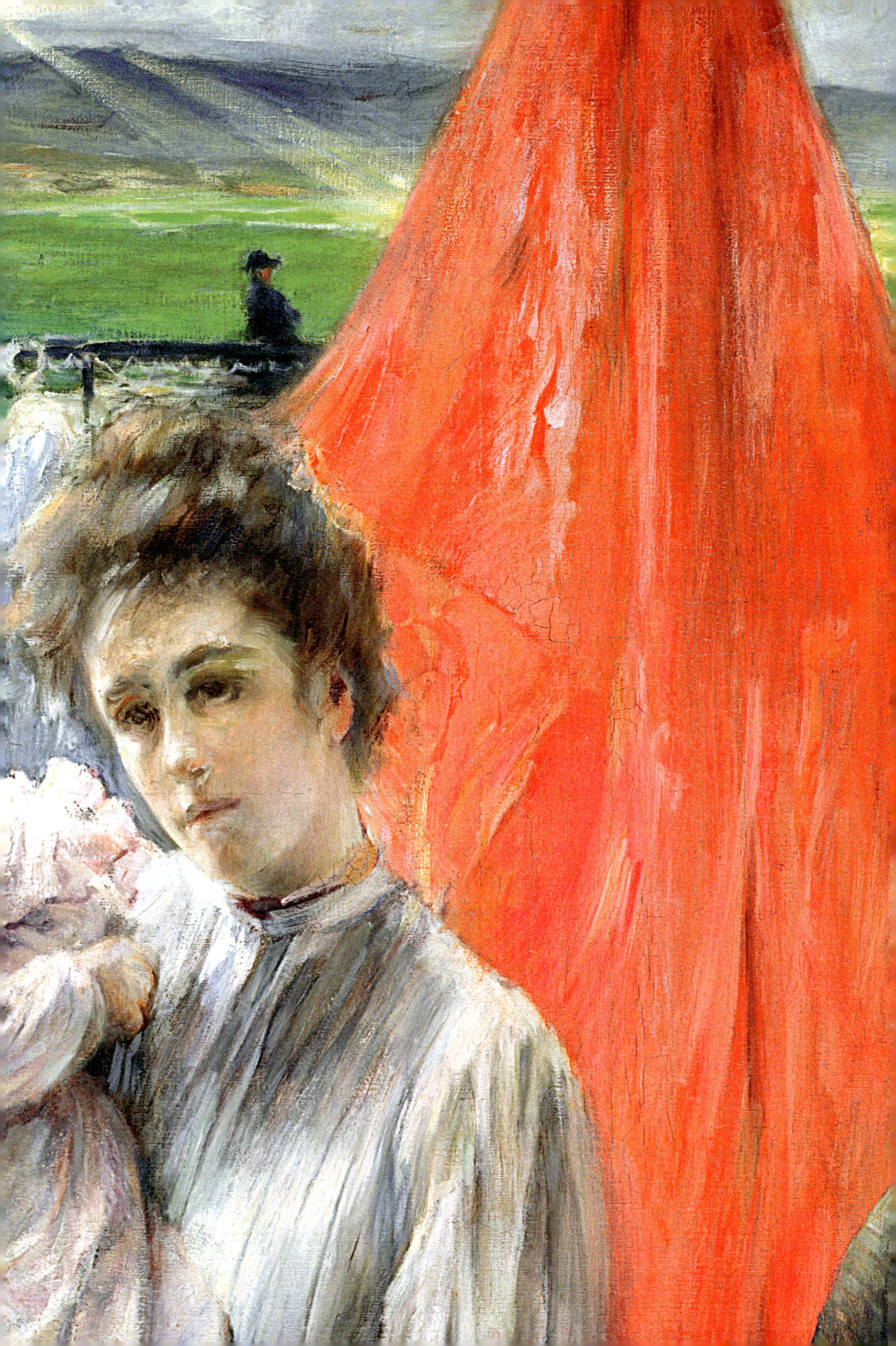

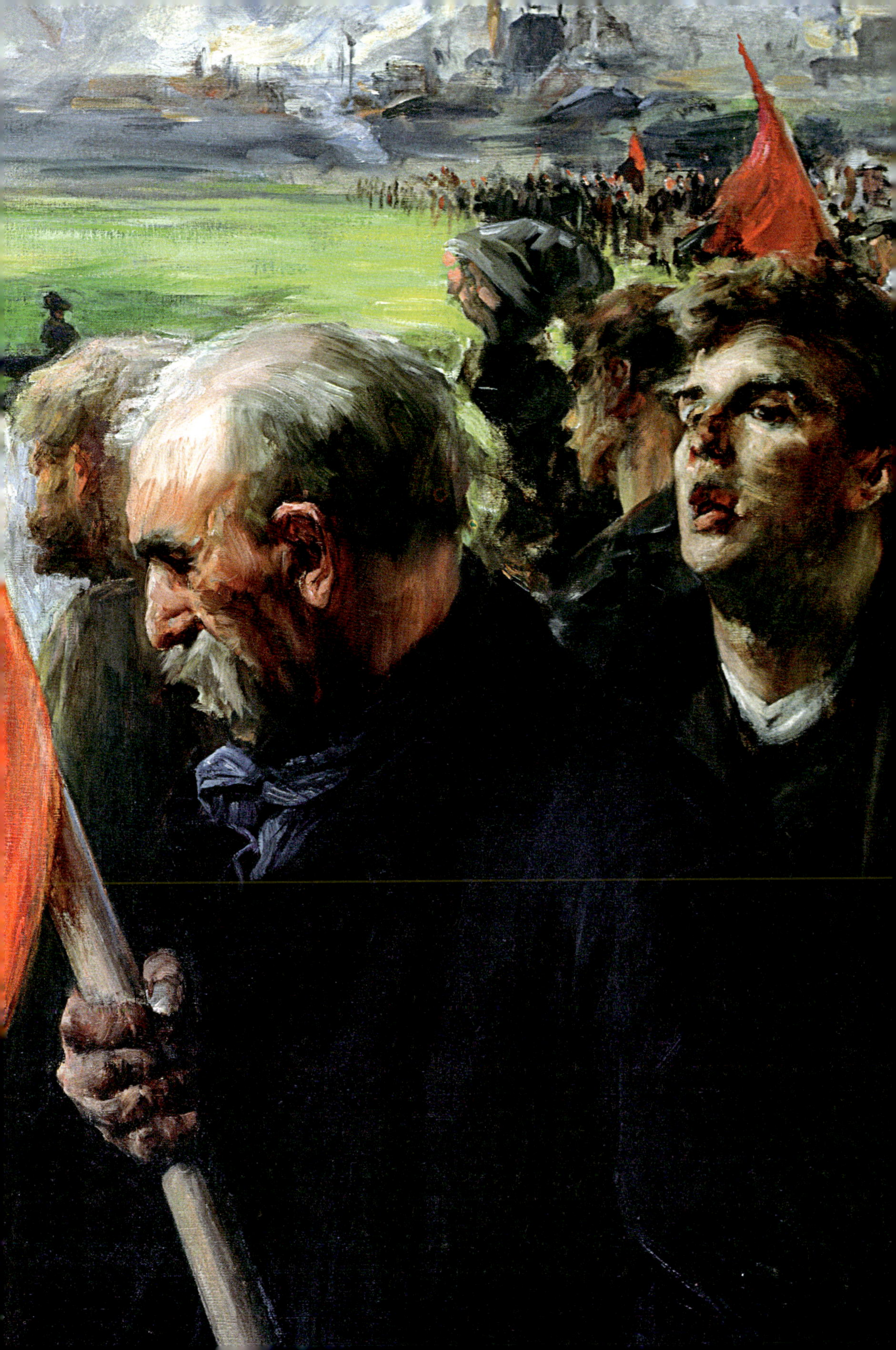

朱红的形式

音乐感

> **20世纪的艺术运动**
> 1904年：未来主义
> （现代性和速度）
> 1907年：立体主义
> （真实叠加）
> 1912年：奥尔菲斯主义
> （色彩语言）
> 1913年：马塞尔·杜尚
> （第一件现成品艺术）
> 1932年：考尔德
> （动态雕塑）
> 1955年：欧普艺术
> （视觉错觉）

> **更多参考**
> 库普卡调色师
> 1919—1923 ● 黄色的形式
> 橙色的形式 ● 1923
> 1924 ● 蓝色的形式

　　弗兰蒂谢克·库普卡（František Kupka）相对不为人知，但的确是抽象艺术的先驱之一。1912年，他甚至是第一批在法国展出非具象绘画作品的艺术家。他与罗伯特·德劳内（Robert Delaunay）一起发展了具有闪烁和节奏形式的奥尔菲斯主义（Orphisme）。

　　弗兰蒂谢克·库普卡出道时以出色的插画师和版画家的身份闻名，但之后他从科学、哲学和神秘学中汲取营养，渐渐转向了抽象艺术。他的绘画往往呈现那些活力动感的几何图形。这位捷克裔画家，综合了他在维也纳观察到的新艺术风格图式和丰富多彩的象征主义。他对色彩有着深入的研究，色彩成为他绘画中必不可少的叙事元素，是他画中形式与动感的驱动力量，同时也关系着情感的表达。

　　《朱红的形式》见证了这些色彩"像许多光的闪烁一样，在我们的感觉中发挥作用"。用艺术家的话说，那些彼此纠缠的活力圆环中，各种颜色相互重叠、累加、制约。交错排列的游戏创造了一种抖动和旋转的感觉，这种光芒四射的效果就是典型的奥尔菲斯主义的特征。这个称呼源自纪尧姆·阿波利奈尔的一首诗《奥尔菲斯》，被用来形容富有诗意和色彩明亮的绘画作品，这些画常常被拿来和乐谱相比较。

　　画中的色彩虽然对比强烈，但主导并增强库普卡画风的却是红色。红色赋予画面更多的能量，更强的流动性，更实在的力量感。它强制性地命令我们去观看构图。一旦陷入其中，我们就会被一种赏心悦目的节奏所迷住，画面就像一段欢快异常、肆无忌惮的旋律。

《朱红的形式》
弗兰蒂谢克·库普卡
1923
布面油画，72 cm×59 cm
蓬皮杜中心，国家现代艺术博物馆，巴黎

穿红裙的罗马尼亚女人

波波族

费利克斯·瓦洛东（Félix Vallotton）的创作涉及各种题材，这其中包括风景、静物以及充满张力的人物肖像。他与纳比派（Nabis）曾经关系密切，即使在远离纳比派之后，他仍然保留着对色彩的品位，坦率而有力。

《穿红裙的罗马尼亚女人》是画家绘画生涯的最后几件作品之一。在画中，我们仍可看到一直以来他对色彩不可否认的热爱，他给色彩带来了一种现实和正面的风格。费利克斯·瓦洛东曾在许多场合强调，17世纪弗拉芒艺术家弗兰斯·哈尔斯（Frans Hals）富有表现力的肖像画带给他的启发。在这里，我们便能看出来那种清晰准确的构图，将模特置于画面的中心，那是绘画永恒的主题。人性胜过一切。

瓦洛东所描绘的年轻女子沉浸在温暖、热情的红色之中，她用自己的性感魅力对此做了回应。她直视着我们的眼睛，并未理会那条从肩上滑落的有点放纵的吊带。她的裙子上绣着银色图案，闪闪发光，就像她小指上戴着的戒指一样耀眼闪亮。在大红色背景的衬托下，画布上浮现出女士闺房的氛围。我们注意到那资产阶级的新古典主义家具与女子走样的身体间的格格不入，似乎她并不真的属于画家邀请她进入的这个世界。她的目光中带着令人惊讶的克制，没有丝毫的挑逗，相反画家揭示出一种腼腆得近乎恐惧的形态。

从她嘴唇到衣裙的红色难道都是一种假象吗？佩戴着虚假的面具难道只是给自己以自信吗？或者说，是瓦洛东将波希米亚的自由与精英阶层的拘束混淆在一起，制造了这种尴尬？这个年轻女子也许是艺术家自己拘谨无措的投射，他自己就是一位婚后步入上流社会的无政府主义艺术家。

幻想的艺术

1888年，在朱利安学院，纳比派结成团体。他们试图与印象派、保罗·高更和象征主义风格的遗产决裂，希望真正解放对色彩的使用，重新定义现实的界限，并将他们的想法置于自然主义真理之上，同时加入一丝神秘主义色彩。该运动的名称来源于希伯来语，意思是"先知"。

瓦洛东和他的朋友们

活跃于1888年至1900年间的纳比派成员，他们包括保罗·塞律西埃（Paul Sérusier）、费利克斯·瓦洛东、莫里斯·丹尼（Maurice Denis）、皮埃尔·博纳尔（Pierre Bonnard）、爱德华·维亚尔（Édouard Vuillard）、阿里斯蒂德·马约尔（Aristide Maillol）……

▶ 《穿红裙的罗马尼亚女人》
费利克斯·瓦洛东
约1925
布面油画，105 cm×81 cm
蓬皮杜中心，国家现代艺术博物馆，巴黎

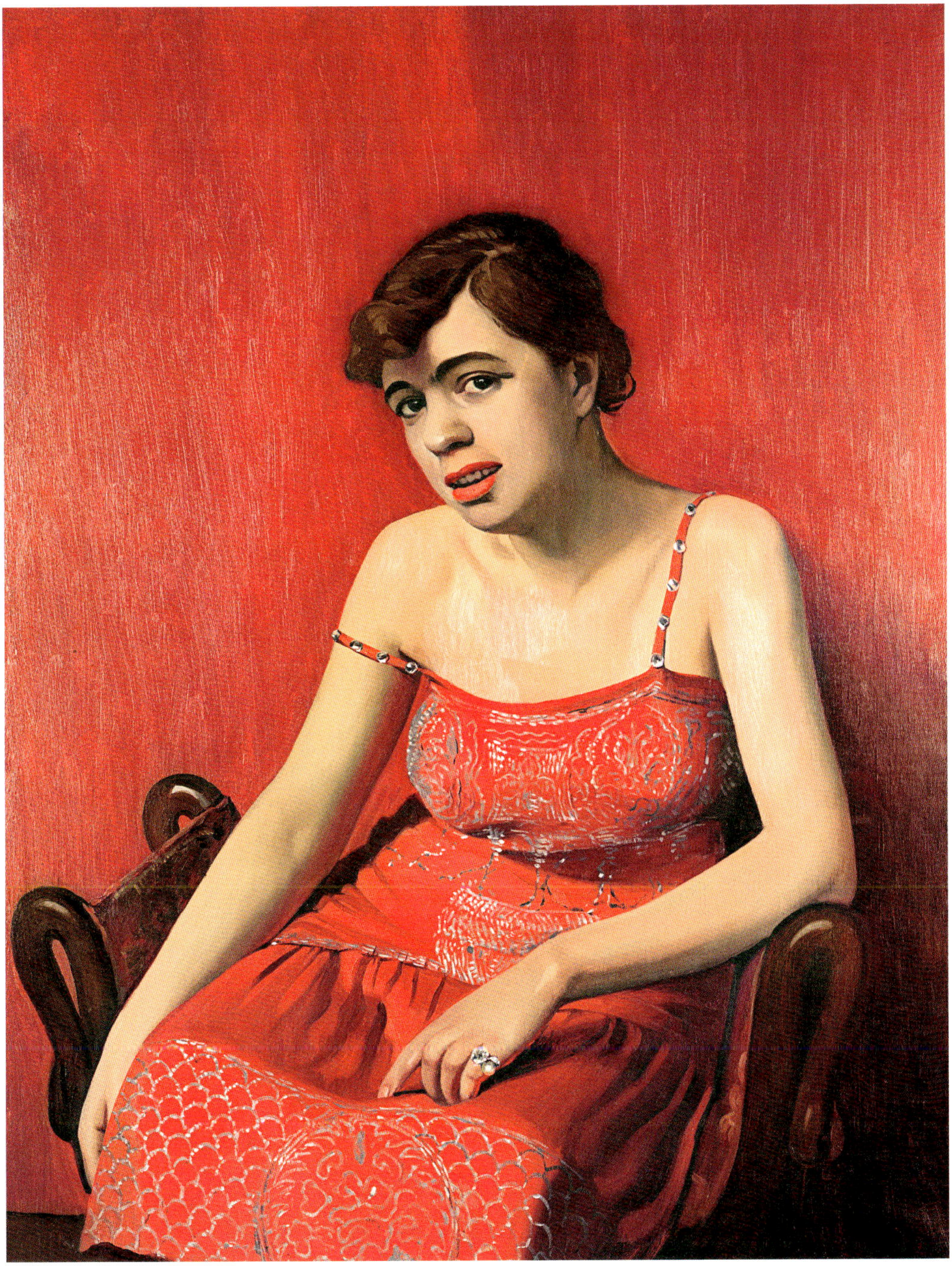

躯壳

灵与肉

战后的美国，抽象表现主义绘画呈现许多强烈的画面，并以此质疑人类的情感状态。海曼·布鲁姆（Hyman Bloom）虽然拒绝参与这场运动，但仍然被杰克逊·波洛克（Jackson Pollock）和威廉·德·库宁（Willem de Kooning）视为他们当中的一员。

这位美国画家也渴望以一种极为个人化的方式去揭示灵魂和心理的奥秘。他对精神的探究求助于身体。而且并非随随便便的身体，往往是腐烂的、被解剖的、剥了皮的尸体。

一次，海曼·布鲁姆被引领去停尸房辨认一位亲密朋友的遗体，他因此获得了一个启示：这被包裹着的冰冷尸体，难道不会告诉我们有关人们存在的其他信息吗？不朽、永恒的证明，难道不也是世事无常的证明吗？就像一种神秘的启示，这种体验烙印在艺术家身上，他决定寻遍自己所在的城市波士顿的每一家医院和停尸房，去观察这些被解剖的尸体，以便更好地理解它们，甚至显得有些奇怪的说法是，向它们展现真正的敬意。因为尽管要处理这些病态的主题，海曼·布鲁姆并不想陷入卑劣的行径。对他来说至关重要的是，向我们展示肉体的神奇如何诉说精神的奥秘，从简单的物质性跃向真正的精神性。

艺术家揭露了那令人不安的终极禁忌：死亡。死亡通过解剖标本将我们带回动物性的真相。人们可能认为他亵渎了身体，但事实恰恰相反，他将人类的骨架填满了色彩与光线，仿佛是为了让我们安心，让我们不要害怕这种慑人的死亡。海曼·布鲁姆邀请我们抓住无形之物，并去理解这肉身之外更多的东西。他的作品是通过死亡来歌颂生命。

颇具启发性的经历

1931年，海曼·布鲁姆来到纽约。他参观了刚刚成立不久的现代艺术博物馆，并第一次看到了乔治·鲁奥（Georges Rouault）、柴姆·苏丁（Chaim Soutine）、保罗·克利（Paul Klee）和马克·夏加尔（Marc Chagall）的画作。

更多参考

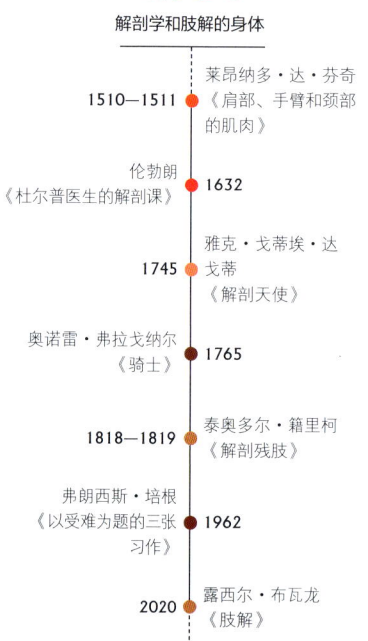

解剖学和肢解的身体

- 1510—1511　莱昂纳多·达·芬奇《肩部、手臂和颈部的肌肉》
- 1632　伦勃朗《杜尔普医生的解剖课》
- 1745　雅克·戈蒂埃·达戈蒂《解剖天使》
- 1765　奥诺雷·弗拉戈纳尔《骑士》
- 1818—1819　泰奥多尔·籍里柯《解剖残肢》
- 1962　弗朗西斯·培根《以受难为题的三张习作》
- 2020　露西尔·布瓦龙《肢解》

我坚信不朽，相信自己是永恒且不断变化事物的一部分，
相信变化是存在的本质。

——海曼·布鲁姆

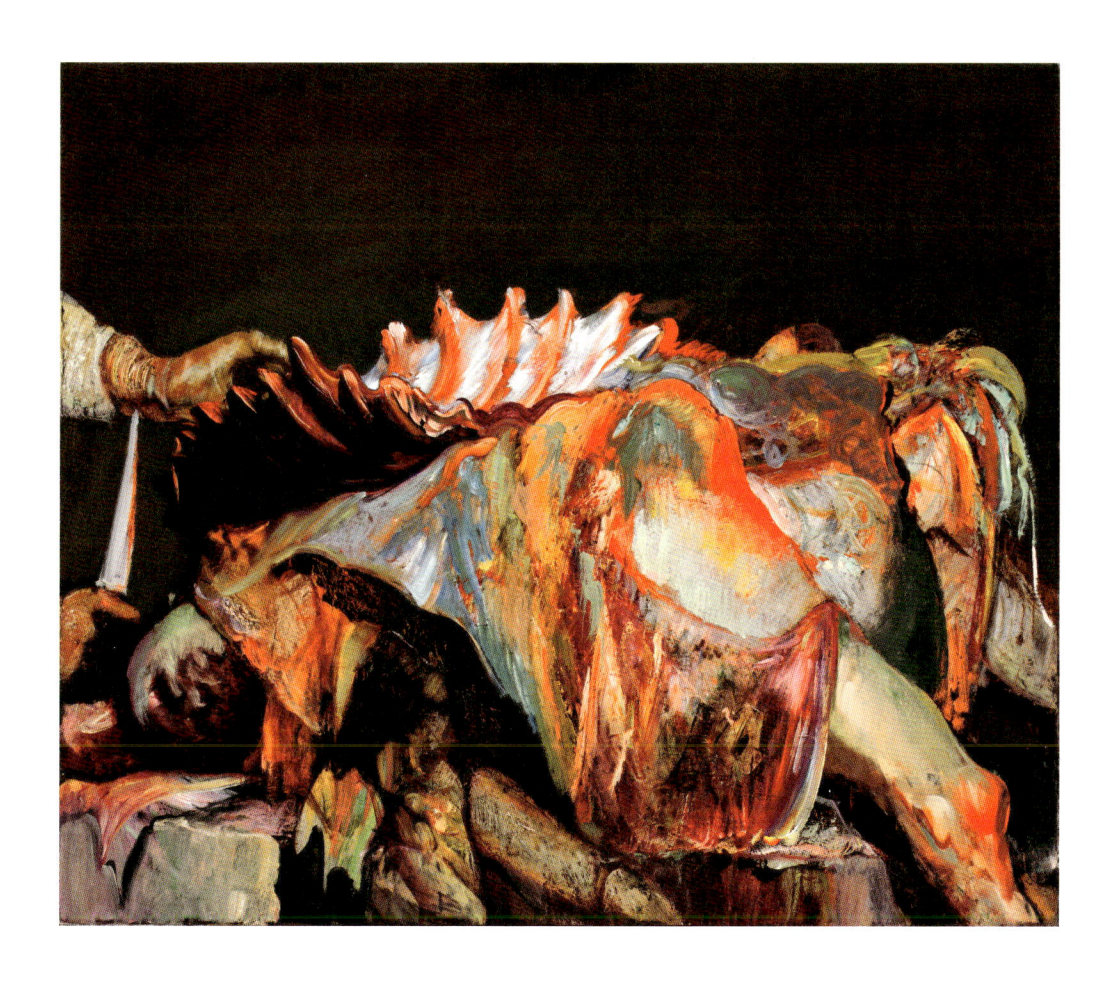

《躯壳》
海曼·布鲁姆
1952
布面油画，95.6 cm×115.6 cm
伍斯特艺术博物馆，伍斯特

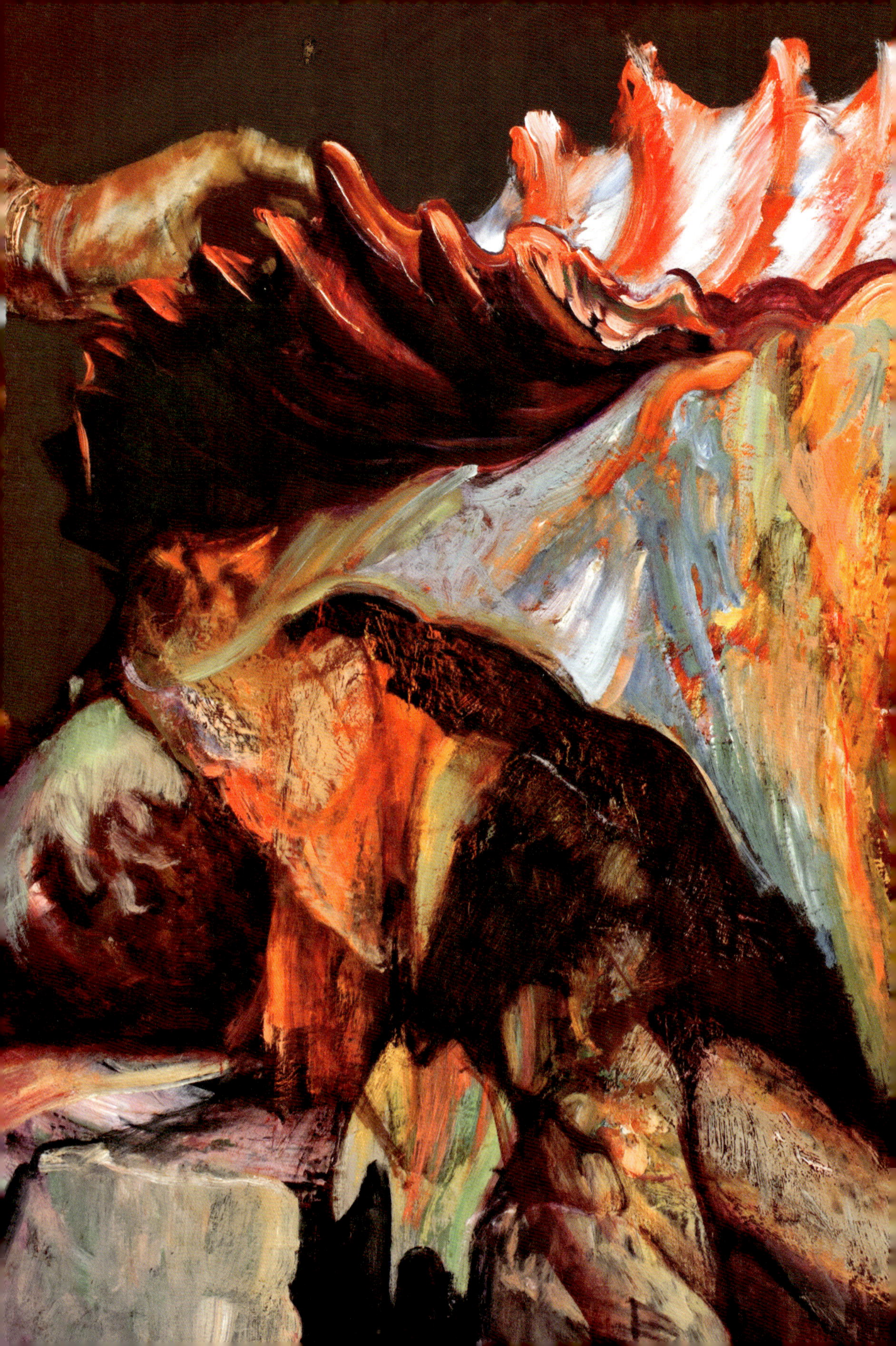

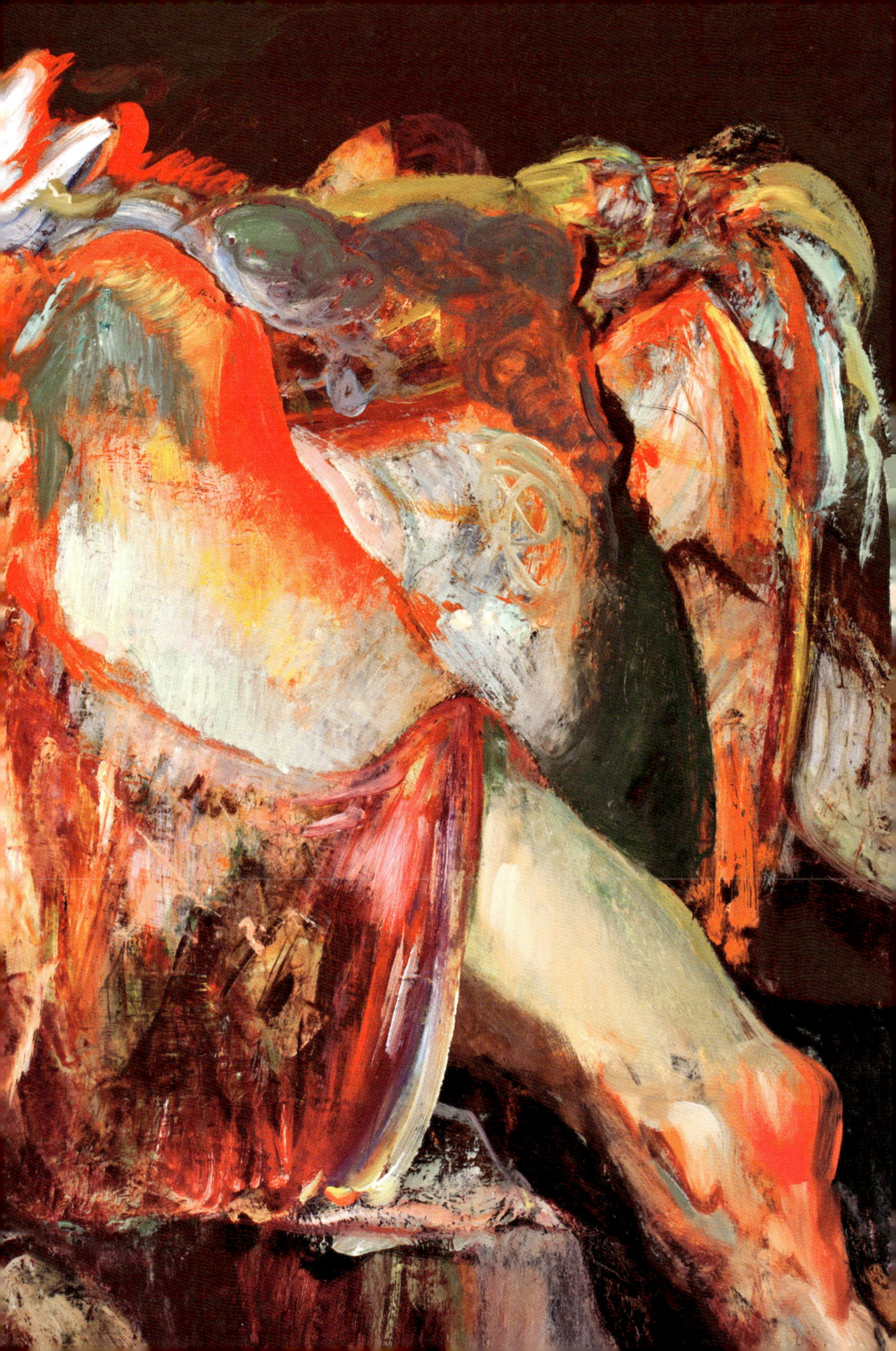

夏日正午

爱的旋律

1961年，出版商泰里亚德出版了马克·夏加尔（Marc Chagall）的42幅版画。从独具特色的水粉到炫目艳丽的油彩，艺术家以难以置信的精湛版画技术，带着充沛的情感和强度，讲述了《达夫尼与克罗埃》的故事。

这并不是泰里亚德和夏加尔第一次合作。后者为出版商的杂志《激情》创作过大量作品。1939年，泰里亚德曾邀请画家为古希腊作家朗格斯（Longus）的小说《达夫尼与克罗埃》绘制插图，但出于对皮埃尔·博纳尔的尊重（因为博纳尔也曾为这部小说绘制插图），夏加尔拒绝了这一提议。直到1952年，博纳尔去世，夏加尔才投入这项工作。

为了使这个寓言永存不朽，艺术家决定前往希腊，沉浸于当地的风景之中，因为那里的风景才是《达夫尼与克罗埃》故事的装饰。这是一个田园式的故事，发生在两个被遗弃在莱斯博斯岛上的孩子之间初恋，他们一起长大，在最终结合之前必须战胜各种艰难险阻。在希腊，夏加尔收集到热烈的色彩和耀眼的光芒。书中所有的插图都准确地讲述着故事，而色彩同样起着至关重要的作用。艺术家赋予色彩象征性的角色，以便让我们能够识别其叙述的意图：绿色升华了自然占主导地位的场景，蓝色表达夜晚，棕色表达战争，而红色参与情爱意味的场景。

也就是我们在这里所看到的。这时正值盛夏，一天中最热的时候。橙色和红色的色调充满画面，使人感受到那令人窒息的、性感的热度。周围的一切只勾勒出梗概，只有达夫尼与克罗埃的身姿格外显眼，两人好像飘浮在红色火焰之中。达夫尼为慵懒的克罗埃吹着笛子。后者渐渐融入红色，仿佛音乐正在吞噬她。

音乐改编

1912年，莫里斯·拉威尔（Maurice Ravel）也被《达夫尼与克罗埃》的故事吸引，将其改编为俄罗斯芭蕾舞团演出的交响芭蕾舞剧，这一改编彻底改变了古典舞蹈及其表演方式。拉威尔和夏加尔一样，全都为幻想中的希腊田园诗般的景象所着迷。

▶ 《夏日正午》
马克·夏加尔
1961
版画，42.3 cm × 32.2 cm
私人收藏

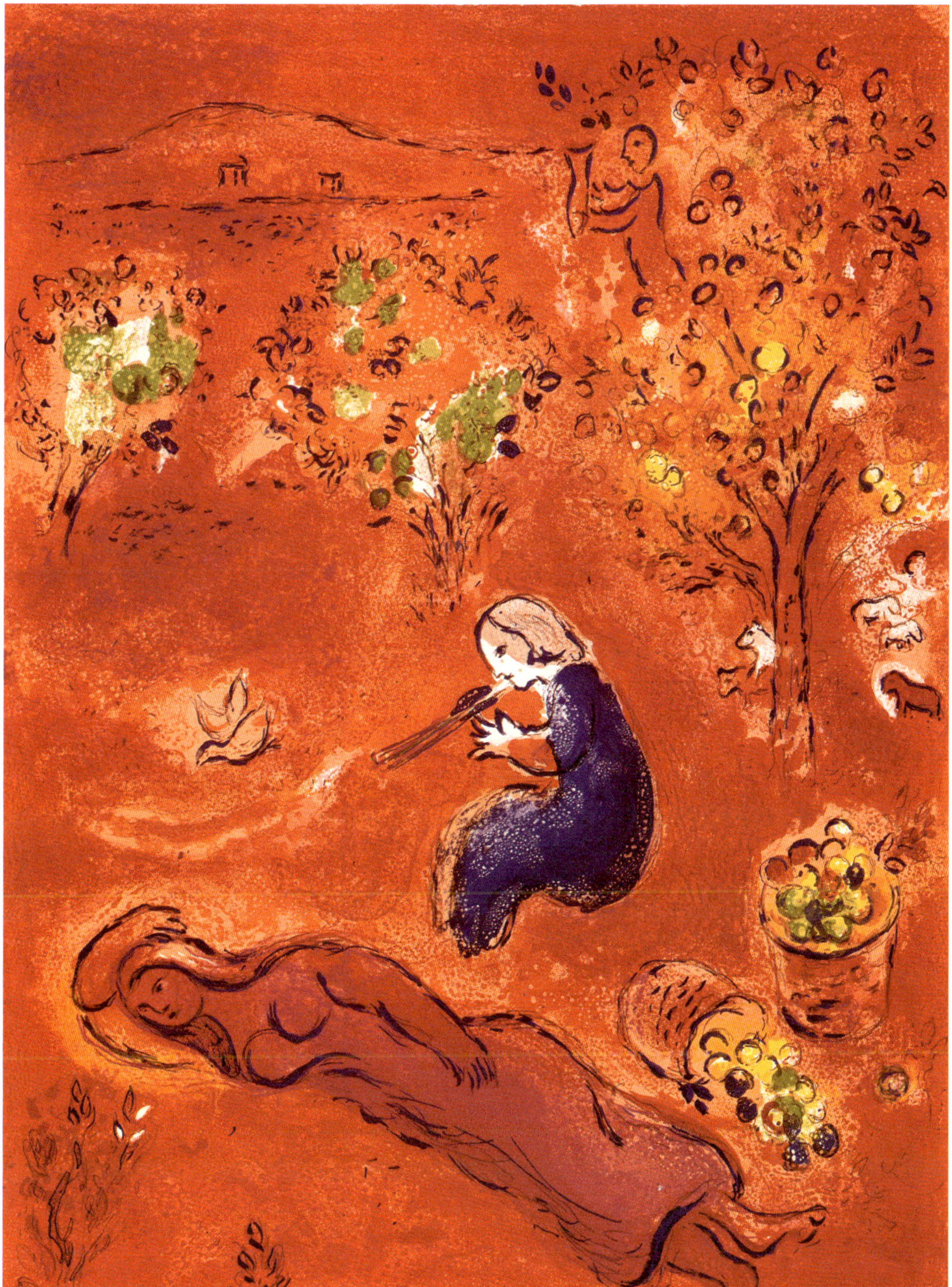

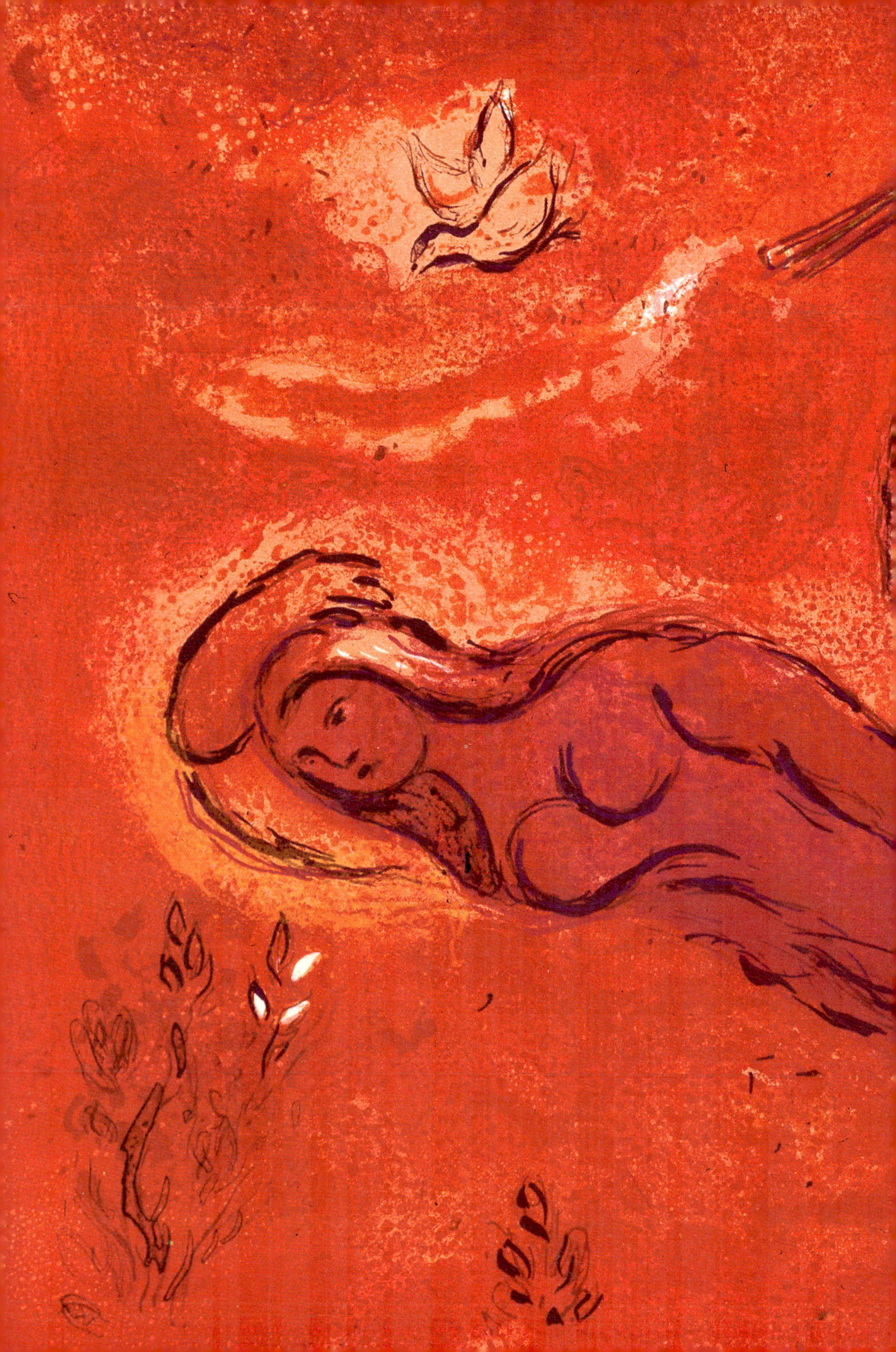

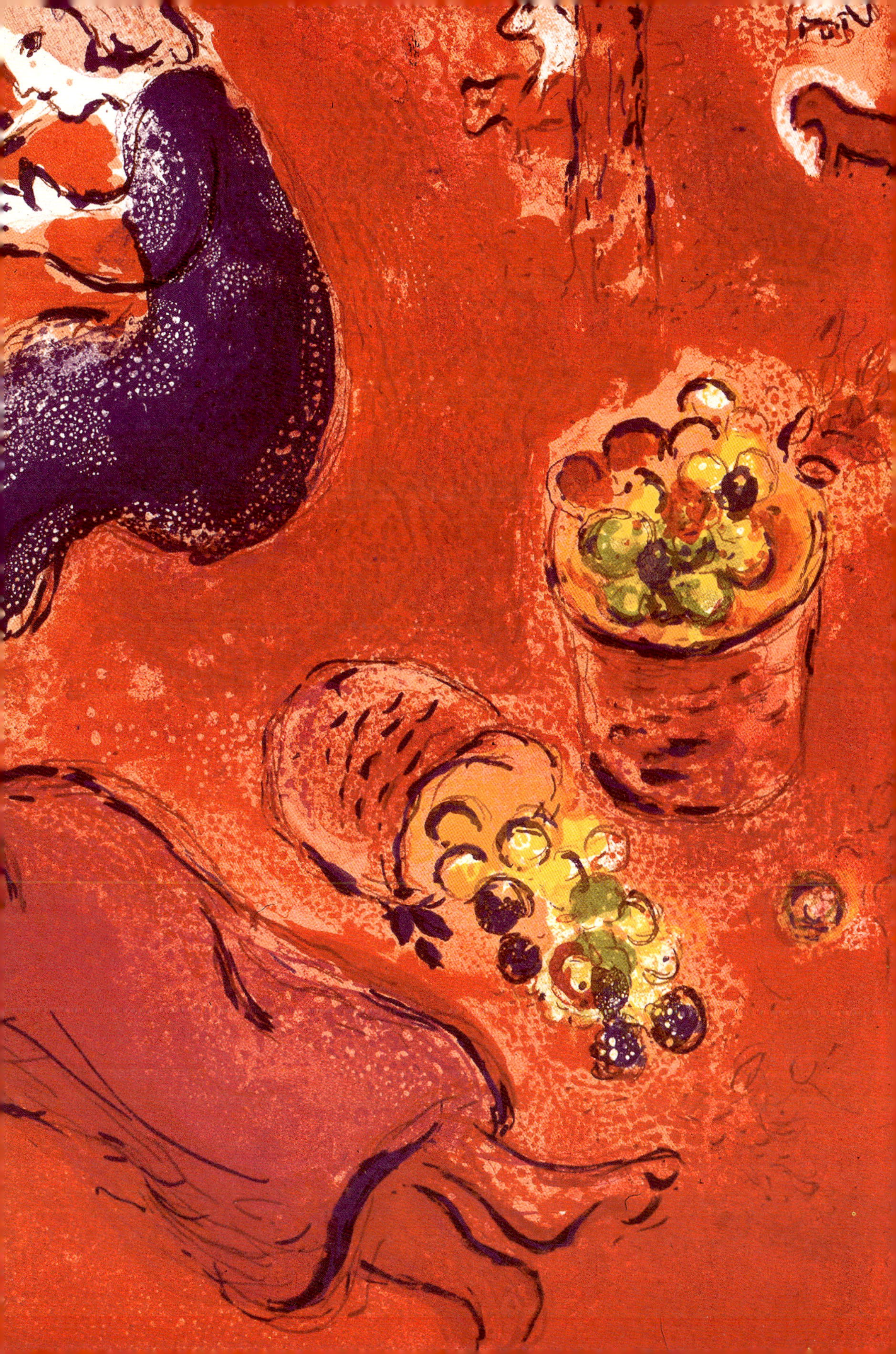

目的地

立即登机

2017年，日本艺术家盐田千春（Chiharu Shiota）在丹尼埃尔·滕普隆画廊展出了名为《目的地》的装置作品。作品的核心是以船为造型的雕塑，而船的形象是艺术家自2015年以来就反复出现在作品中的主题。

这艘船的框架让人联想起人体骨骼，盐田千春将从船体生出的数不清的红线串联起来。如果我们去阅读这个装置的标题，可以想象艺术家似乎在推动我们诘问自己人生的方向，我们所踏上的命运旅途终将指向何方。这通常是难以确定的，我们有时被恐惧所引导，有时被希望所引导。在这片生命的汪洋大海，这些交错、分离的线头展现着我们与他人，与周围世界的关系。我们通过遭遇、经历、发现，构建和消除所有这些联系。

就这些线而言，盐田千春选择了红色，这是她作品中常见的色彩。在这猩红的大幕中，红色更能引发共鸣，它呈现一种有机的、内脏的样貌，仿佛构造我们身体的东西，它的生命能量正在从船体的骨架中逃脱。艺术家将观看者的身体与精神都纳入她的作品当中，她让我们沉浸在自己的内心。因为这确实关乎我们的人性，我们自己和他人的人性。盐田千春温柔地邀请我们静心自省：我们需要解开精神上的杂乱线团，以便更好地去理解世界，更好地理解自己。我们是谁？我们要去向何处？

这些红线同时也是对原初子宫、母亲的身体和死亡之血的寓言。这是第一次也是最后一次旅程，合并为一次探险：生命。看上去可能令人伤感，但事实并非这样，因为这段旅程是美丽、复杂和多元的。

环球旅行

盐田千春出生于日本大阪，自1997年以来一直生活和工作在柏林。她的展览遍布世界各地：印度尼西亚、美国、德国、日本……2015年，她代表日本参加了威尼斯双年展。

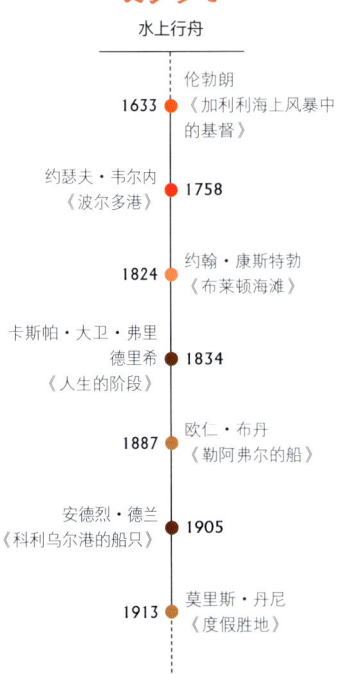

更多参考
水上行舟

- 1633　伦勃朗《加利利海上风暴中的基督》
- 1758　约瑟夫·韦尔内《波尔多港》
- 1824　约翰·康斯特勃《布莱顿海滩》
- 1834　卡斯帕·大卫·弗里德里希《人生的阶段》
- 1887　欧仁·布丹《勒阿弗尔的船》
- 1905　安德烈·德兰《科利乌尔港的船只》
- 1913　莫里斯·丹尼《度假胜地》

▶ 《目的地》
盐田千春
2017
金属和羊毛
丹尼埃尔·滕普隆画廊，巴黎